2022年度浙江省哲学社会科学规划年度课题《数字经济背景下浙江省高层次数字产业人才结构优化路径与对策研究》项目（课题编号：22NDJC042Z）研究成果

浙江省高层次数字产业人才
结构优化方案研究

葛晨　吴刚　余晨◎著

九州出版社
JIUZHOUPRESS

图书在版编目（CIP）数据

浙江省高层次数字产业人才结构优化方案研究 / 葛
晨，吴刚，余晨著 . -- 北京 : 九州出版社，2023.10
ISBN 978-7-5225-2186-2

Ⅰ . ①浙… Ⅱ . ①葛… ②吴… ③余… Ⅲ . ①信息产
业－高技术产业－人才－结构－研究－浙江 Ⅳ .
① F276.44

中国国家版本馆 CIP 数据核字（2023）第 179495 号

浙江省高层次数字产业人才结构优化方案研究

作　者	葛　晨　吴　刚　余　晨　著
责任编辑	云岩涛
出版发行	九州出版社
地　址	北京市西城区阜外大街甲 35 号（100037）
发行电话	(010)68992190/3/5/6
网　址	www.jiuzhoupress.com
印　刷	定州启航印刷有限公司
开　本	710 毫米 ×1000 毫米　　16 开
印　张	15.75
字　数	200 千字
版　次	2023 年 10 月第 1 版
印　次	2024 年 1 月第 1 次印刷
书　号	ISBN 978-7-5225-2186-2
定　价	88.00 元

★ 版权所有　侵权必究 ★

前　言

　　数字经济是时代发展的重要标志，其划时代的意义不言自明。在这一时代背景之下，必须进一步加快数字产业转型升级的步伐，同时，更应大力发挥人才的作用。为确保数字经济始终保持又好又快的发展势头，必然要在数字产业转型升级过程中，不断强化高层次数字产业人才结构的优化与调整，确保高层次人才的作用能够得以充分发挥。

　　浙江省地处长江三角洲区域，是长三角数字经济产业集群的重要组成部分，对高层次数字产业人才的需求极为迫切，有效优化人才结构自然成为关注的焦点。

　　基于此，著者将本书第一部分设定为总论，主要针对国内外相关研究情况进行广泛收集、整理、归纳，从中找出可借鉴的观点，并且明确相关理论基础和新概念界定，确保在本书创作过程中能够明确数字经济、数字产业、人才结构调整之间的关系，并深入挖掘后者对前者的作用、意义、价值，为本书创作奠定坚实的理论基础。

　　第二部分著者则针对数字经济大环境与中国数字产业发展进行深入分析，通过相关数据明确我国数字经济发展的势头以及数字产业发展过程中已经取得的成果，同时找出数字经济背景下数字产业发展的新要求，力求数字产业转型与升级在人才层面的新要求得到深层挖掘。

　　第三部分著者立足数字经济下的浙江省数字产业发展，对浙江省数字产业结构与水平、浙江省数字产业人才培养、浙江省数字产业人才配置情况进行相应的整理与分析，让在浙江省数字产业转型升级过程中人才所能够提供的支撑力以及浙江省对未来高层次人才的需求能充分展现出来，为数字经济下的浙江省高层次数字产业人才结构优化提供极为有利的前提条件。

第四部分著者主要针对数字经济下浙江省高层次数字产业人才需求进行具体分析。著者先立足浙江省数字产业招商引资趋势的分析过程，明确浙江省数字产业人才需求，随后确定浙江省数字产业人才层次划分，最终找出浙江省在数字产业发展过程中对高层次人才的具体需求所在。

第五部分著者主要阐述了数字经济下浙江省高层次数字产业人才结构调整策略，其中明确了学科领袖人才、技术领军人才、高级管理人才、产业后备人才结构调整的主要视角与依据，力求浙江省高层次数字产业人才结构始终能够保持高度的合理性。

第六部分著者主要针对数字经济下浙江省高层次数字产业人才结构优化的实践过程进行明确论述。要以依托政策大环境凸显数字产业发展前景为基础，要以立足"政产学研用"一体化模式加快数字人才队伍建设为关键，要以基于"双招双引"推动高层次数字产业人才结构优化为重要抓手，要以围绕浙江省数字产业发展规模优化高层次数字产业人才为重要着力点，并面向市场人才需求情况，全面开展高层次数字贸易人才培养，以求数字经济背景下浙江省数字人才结构实现最优化。

第七部分针对浙江省数字产业的未来发展，提出高层次人才结构优化的具体展望，力求高层次人才能够全面推动浙江省数字产业转型升级，助力浙江省数字经济持续保持又好又快的发展。

目　　录

第一章 总 论

纵观当下我国社会经济发展的新趋势，可以体会到数字经济时代悄然崛起，数字经济成为我国社会经济发展过程中的新形态，数字产业的转型与发展在悄无声息中紧锣密鼓地进行着，成为我国产业化发展过程中的中坚力量。其中，人才所发挥的作用自是无法替代的。在数字经济飞速发展的进程中，浙江省数字产业转型升级同样离不开人才的支撑作用，特别是高层次人才所发挥的作用更是无法替代。为确保未来浙江省数字经济能够始终保持又好又快的发展态势，数字产业转型升级的步伐能够实现不断加快，全面优化浙江省高层次数字产业人才结构无疑成为重中之重。

党的十八大以来，党中央深刻回答了什么是人才强国、为什么建设人才强国、怎样建设人才强国的重大理论和实践问题，提出了一系列新理念、新战略、新举措。一是坚持党对人才工作的全面领导；二是坚持人才引领发展的战略地位；三是坚持面向世界科技前沿、面向经济主战场、面向国家重大需求、面向人民生命健康；四是坚持全方位培养用好人才；五是坚持深化人才发展体制机制改革；六是坚持聚天下英才而用之；七是坚持营造识才爱才敬才用才的环境；八是坚持弘扬科学家精神。以上八条，是对我国人才事业发展规律性认识的深化，要始终坚持并不断丰富其发展。

第一节　国内外研究成果

理论研究工作是一切研究活动的基础，总结前人的研究成果必然能够确保研究项目兼具创新性和可行性。面对我国数字经济迸发出的强大活力，数字产业正在以前所未有的势头转型，其发展水平也在快速提升。浙江省作为我国的数字经济强省，其数字产业转型与升级的步伐正在不断加快，所以充分挖掘高层次人才的推动和保障作用已是内中关键。其间，广泛收集、整理、分析、归纳国内外相关学术研究成果就成为基础环节，也是本书创作的起始环节。本节著者立足国内外相关学术研究成果，从中找寻本书可借鉴的学术研究观点，让本书创作能够拥有全面的学术支撑条件。

一、国内研究成果

从实践角度出发，社会经济飞速发展的关键在于科学技术的不断突破，而人才则是一切科学技术诞生，甚至将其最终转变为经济总量的核心所在。在学术研究层面，这一观点已经被无数学者进行了反复验证，并且成为全面加快社会经济发展的一条定律。在全面建设社会主义现代化国家的新征程中，数字经济已经成为推动我国社会经济实现又好又快发展的新动力，高质量的数字产业人才自然成为力量源泉。针对这一点，有效优化高层次数字产业人才结构自然成为我国未来数字经济发展过程中的关键所在。就目前而言，我国学术界在这一领域的研究成果相对有限，其相关研究主要体现在以下四方面。

（一）经济增长路径

经济增长路径的问题在我国学术界得到了广泛讨论，李瀚林和李兴山结合经济增长理论与发达国家经济增长现状，从经济增长驱动力视角归纳出投资驱动型、劳动驱动型、终端产品消费驱动型和创新驱动型四种经济增长路径，并通过对比分析发现中国未来之路在于创新。胡贝贝等采用内生经济增长模型研究我国高新区产业在知识生产过程中的经济增长路径，通过实证研究发现我国高新区产业的知识生产规模显著扩大，并给持续加速型的经济增长路径带来较大的发展潜力。李优树等运用多元回归模型实证分析表明，产业结构升级和提高生产效率均是提高经济增长质量的正向影响路径。柳卸林等基于新熊彼特增长理论从经济增长动力、增长结构和发展质量三个方面提出了中国未来经济的发展方向，具体包括经济增长的动力要素、投资驱动转向创新驱动；经济增长结构从以工业为主转向以服务业为主，从以低端产业为主导转向以高附加值产业为主导；经济发展关注重点从经济增速转到经济效益质量，实现经济社会平等包容式的协调发展。

1. 转变经济发展方式

从经济高速发展阶段转向经济高质量发展阶段的过程中，转变经济增长方式有利于解决经济结构失衡问题，推动经济发展质量提高，促进经济长期可持续发展。杨硕和王艾青研究了经济增长方式与全要素生产率之间的逻辑关系，发现人力资本层次和财政支出规模与全要素生产率成正比关系，因此有利于促进经济增长方式升级。刘亮等利用 CES 生产函数模型，证明了智能化对经济发展方式转变具有显著效果，主要通过影响技术进步、提升经济增长效率来体现，并且在考虑区域发展差异问题后仍然呈现 U 形稳健效果。此外，学者陶静、胡雪萍、何兴邦认为，要加强环境资源尤其是环境规制对经济增长质量影响作用的研究，加强环境规制有利于提升经济增长质量并且作用较为显著。另外，学者孙英杰和林春研究发现，经济增长质量与环境规制呈倒 U 形关系，即在一定范围内只有加大环境规制力度才能促进我国经济增长质量的提升。由此可见，随着可持续发展和环境友好型经济发展模式的推进，除了借助提升全要素生产率提高经济增长效率外，环境规制优化也是研究经济发展方式的重要内容。

2.优化经济增长结构

经济结构是指经济体中的各要素特性、结合情况和比例关系，包括产业结构、消费结构、技术结构等，通常侧重于产业结构，产业结构的优化升级对经济高质量发展有着重要影响。钞小静和任保平采用我国1978—2007年的省级面板数据实证发现我国经济增长结构和经济增长质量之间的正向影响关系显著。也有学者从金融发展、外商和对外直接投资等层面研究经济结构优化，发现金融发展能力和效率以及直接融资的发展能够明显提升经济增长质量，且金融发展能力对经济增长质量具有更大的长期促进作用。杨珂通过分析我国2006—2013年的省级面板数据认为金融发展与经济发展之间存在"门槛效应"。随洪光等和孔群喜也分别通过实证研究得到外商直接投资和对外直接投资均对我国经济增长质量有显著正向影响作用的结论。

3.转换增长动力

经济保持长期较快的增长速度离不开创新驱动，创新驱动不仅能够促进技术革新，生成新的生产要素，降低资源与环境成本，还能帮助产业结构优化升级，突破边际报酬递减的现状，是激活经济高质量发展的第一动力。迟福林认为加强技术创新投入，以创新为驱动力是转向经济高质量发展的关键。任保平和李禹墨提出以创新为核心转变新旧动能，培育经济高质量发展的绿色动力。此外，孙祁祥和周新发认为，在供给侧结构性改革中科技创新对我国产业结构调整表现出强大的驱动作用，其促进产业转型与结构升级的动态演变机理主要包括两个方面：一是通过突破性创新甚至颠覆性创新催生出新的产品和服务；二是通过渐进性创新掌握核心技术研发等高附加值环节实现新旧动能转换。郭晗和廉玉研通过从宏观、中观和微观三个层面分析数字技术对经济增长的作用机制，认为数字经济已成为中国发展中最为重要的新动能。茹少峰等认为大数据技术给经济增长带来了信息化与工业化的融合、产业融合和技术创新三大变革，增强了科技创新与产业集合对经济增长的推动作用。由此可见，历次重大技术变革不断推动经济增长动力升级，新一轮科技革命蓄势待发，数字技术将成为新的动力来源，是研究经济增长动力的重要内容。

（二）经济增长路径转型影响因素文献综述

李嘉图认为劳动力、资本和土地等资源的分配问题是影响产出的重要因素。由于没有认识到技术进步的作用，经济增长只能局限于依赖劳动力、资本和土地等要素的投入及比例调整，这种经济增长方式不具有可持续性。

同期，马克思基于劳动价值论和剩余价值理论，建立了一个科学严密的社会总资本再生产和流通理论体系。与古典经济增长理论相比，马克思将经济增长问题数理化，构建了经济增长理论史上第一个能够实现动态化、长期化分析的两部类增长模型，并兼顾总量与结构、供给与需求等方面的问题。通过研究发现资本的有机构成及分配比例是影响总体经济增长的关键因素，资本、劳动、科学技术和制度在经济增长中发挥着重要作用，但资本主义经济增长并不具备可持续性，其生产方式无法满足生产力发展需要，社会变革和制度变迁则是实现经济持续平衡增长的关键因素。

（三）数字经济与经济增长路径

数字经济是继农业经济、工业经济、互联网经济之后的促进公平与效率更加统一的新型经济形态，包括工业互联网、大数据、物联网、区块链、自动驾驶等基于数字技术产生的新业态，也包括智慧农业、智能制造、智能交通、智慧医疗、移动支付等通过数字技术与实体经济深度融合产生的数字经济新模式。发展数字经济对于推动传统产业转型升级和生产方式变革、提升社会治理和民生服务水平、助推产业高质量发展具有重要意义。研究数字经济背景下的经济增长路径是当前该领域的热点话题。宋洋基于数字经济的强扩散性、降成本性和高成长性特征，分析了其对经济增长外在表现和内生动力的影响效应；荆文君和孙宝文认为数字经济具有自增长模式特征，从微观、宏观两个层面探讨了数字经济促进经济增长的路径，提出在新兴技术营造出的经济环境下，通过新全要素生产率、新投入要素和新资源配置效率均可提高经济均衡水平；丁志帆则立足"微观—中观—宏观"框架，探讨了数字经济驱动经济高质量发展的内在机理，认为数字经济有助于企业扩大经济规模，提升配置效率，实现供需、价格多元动态均衡，并有助于实现产业结构调整和转型升级。此外，通过技术创新和扩散效应提高全要素生产率，能够最终推动经济高质量发展；张鸿等以"理论机理—实践基础—路径分析—政策选择"为研究路线，从经济结构优化、创新驱动发展、经济增长动力和经济发展目标四个角度，分析了我国经济向高质量发展阶段转变过程中，数字经济推动经济高质量发展动力变革、效率变革和质量变革的路径。

（四）数字经济推动经济增长路径转型的理论基础

中国经济发展进入新常态，主要在经济增长速度、经济发展方式、经济结构和发展动力四方面表现出新的特征。过去很长一段时间我国经济增长速度，特别是GDP（国内生产总值）增速一直远高于同时期全球的平均水平，经济发展方式主要为规模速度型，经济发展结构表现为增量和扩能，经济发展动力依靠资源投入和劳动力投入。[①] 我国经济进入新常态后，要求我们要更多地关注经济发展的质量，更加注重创新要素的投入及使用。从国际发展环境及经济发展规律看，我国迫切需要调整以往的经济发展方式，转换经济发展动力，将单一追求经济发展总量逐渐转变为经济发展总量与经济发展质量并举，实现经济高质量发展。数字技术是颠覆性技术，也是创新型动力的规模化产业投入。创新型数字技术可以改变供给

---

① 杜玉波. 把握新常态下的高教发展 [J]. 考试，2015（13）：13.

侧与需求侧两端。从供给侧看，可以催生技术变革与进步，使生产过程中的技术要素不断增加，创新要素的投入替代了原有的资源投入与低成本劳动力投入，使生产效率不断提高。创新驱动经济发展不仅能使传统的生产方式突破发展的瓶颈，还会变革生产制造模式和组织形态，率先布局新科技、新产业的生产部门，可以比同行业的其他组织收获更高的生产效率、投入更少的人力成本、占据更大的市场份额，产业规范化与集聚化优势也更加明显。从需求侧看，以数字经济与信息技术为主要组成部门的产业变革，具有高度融合性和渗透性，可以有效地加速产业融合，更快地渗透于传统制造行业，在改造升级传统制造行业的同时催生出新业态与新动能。

二、国外研究成果

当前，国外学者在数字经济背景下的数字产业人才结构优化与调整方面并没有较为直接的研究成果，但研究成果是具有相关性的，不可否认，这些研究成果依然能够为著者在创作本书的过程中提供一定的启示。具体来说，这些启示主要包括以下两方面。

（一）数字经济特征

布伦特·莫尔顿（Brent Moulton）认为数字经济包括信息技术和电子商务；[①] 丹尼尔·格林（Daniel Greene）认为数字经济发展模式是新经济产生和发展的典型表现；[②] 塞波·普塔宁（Seppo Poutanen）和安妮·科瓦莱宁（Anne Kovalainen）认为创新驱动是数字经济的核心内容；[③] 保

① MOULTON B.GDP and the digital economy：keeping up with the changes[J]. *Understanding the Digital Economy Data*，1999，4（5）：34-48.

② GREENE D. Discovering the divide：technology and poverty in the New Economy[J]. *International Journal of Communication*，2016（10）：1212 -1231.

③ POUTANEN S，KOVALAINEN A. New Economy，Platform Economy and Gender[M]//*America：Gender and Innovation in the New Economy：Women，Identity and Creative Work*. New York：Palgrave Macmillan US，2017.

罗·米勒（Paul Miller）和詹姆斯·威尔斯顿（James Wilsdon）认为数字经济不仅是一场技术革命，还是一种创新行为和可持续发展；贾瓦诺维奇（Jovanovic）和卢梭（Rousseau）认为信息技术可以加快基础设施建设；[①]凯文·福克斯（Kevin J.Fox）和欧文·迪维特（Erwin Diewert）提出，作为新的生产要素，数字经济逐渐成为经济社会发展的推动力。[②]

（二）数字经济对经济增长的影响

数字经济对于经济增长的作用研究尚不充分，现有文献主要侧重于数字经济基础设施及互联网等对经济增长的作用。奥利纳（Oliner）和西塞尔（Sichel）细分了资本投入，以此考察计算机和相关产业的投入对经济增长的贡献。[③] 在亚洲、欧洲等国家信息技术也对经济增长具有显著促进作用。[④⑤⑥⑦] 此外，移动通信等也对生产率具有显著提升作用。[⑧]

① JOVANOVIC B, ROUSSEAU P L. General Purpose Technologies[J]. *Handbook of Economic Growth*, 2005 : 1181−1224.

② DIEWERT E, KEVIN J E. Productivity Indexes and National Statistics : Theory, Methods and Challenges [R]. Microeconomics. ca working papers, Vancouver School of Economics, 2019.

③ OLINER S, SICHEL D E. The Resurgence of Growth in the Late 1990s : Is Information Technology the Story? [J]. *The Journal of Economic Perspectives*, 2000（4）: 27−28.

④ JORGENSON D, MOTOHASHI K. Information technology and the Japanese economy[J]. *Journal of the Japanese and International Economies*, 2005（4）: 460−481.

⑤ ANDRÉ H, CLAUDIO A, VIANKA A.Information and communication technologies and their impact in the economic growth of Latin America 1990−2013[J]. *Telecommunications Policy*, 2016（40）: 485−501.

⑥ ABDUL A, DEB K.Information and communication technology and economic Growth in India[J]. *Telecommunications Policy*, 2016（40）: 412−431.

⑦ JORGENSON D, Vu K. Information technology and the world growth resurgence[J]. *German Economic Review*, 2007（2）: 125−145.

⑧ THOMPSON H, GARBACZ C. Mobile, fixed line and Internet service effects on global productive efficiency[J]. *Information Economics and Policy*, 2007（2）: 189−214.

三、国内外研究综述

综上所述，国内外学者主要从转变经济发展方式、优化经济增长结构和转换经济增长动力三个方面对经济增长路径进行理论研究和实证检验。其一，经济发展方式的重要内容是经济效率，关键是生产要素投入结构合理化，通过技术进步来提高资源配置效率和生产效率，从而保证全要素生产率持续提升，填平各种低效率洼地，推动经济增长转型升级，进而为高质量发展奠定稳固基础；其二，经济结构优化是实现高质量增长的必经之路，在调整产业政策、发展支柱产业的同时增强服务业的带动作用，有助于促进各产业相互配合，加速融合传统产业，培育新产业新业态，实现价值链从低端向高端转移，推动产业转型升级，从中低端迈向中高端；其三，经济增长动力的改变依赖创新驱动，而近年来的新兴技术集中于大数据、人工智能、5G、云计算等颠覆性科技成果，并通过产业化形成新的产品和服务，从而进一步催生出新业态新模式。以数字经济为例，它不仅加速融合传统产业，推动传统产业网络化智能化转型升级，还催生了共享经济、创意经济、智能经济、流量经济、绿色经济等新兴产业形态，最终不断演化形成新的产业领域。但是，针对数字经济发展背景下的数字产业人才结构优化方面，国内外学者并没有做出明确的研究与论述，因此本书能够有效填补这一空白，为我国数字经济飞速发展提供强有力的理论支撑。

第二节　相关理论基础

在本书创作过程中，学术研究成果的收集、整理、借鉴为本书创作提供相关的学术观点支撑，但在学术理论层面依然需要强有力的理论基础作为支撑条件。因此，本节著者采用文献资料法，对相关的学术理论进行系统概括与分析。在此之前，先通过图片以直观的方式对其加以概括，具体如图 1-1 所示。

图 1-1　数字产业人才培养与优化的相关理论支撑

　　如图 1-1 所示，在数字经济飞速发展的背景之下，在数字产业人才培养与优化过程中，要将资本最大化、产业结构调整、产业竞争作为基础，还要将供给侧结构性改革的相关理论作为重要理论指导，由此方可确保数字产业人才培养与优化的合理性达到最大化，满足数字经济飞速发展的具体要求。

一、社会资本再生产理论

　　社会资本再生产是指不断反复进行和持续更新的生产过程。具体而言，是指各个互为条件、互相交错的个别资本再生产的总和；是社会资本的流通过程和生产过程的统一；是物质资料的再生产、劳动力的再生产和生产关系再生产的统一过程；是个别产品运动和社会总产品运动统一的过程。马克思在《资本论》中对资本主义再生产的实现条件进行分析后指出，资本主义社会再生产的实现过程包括资本流通与商品流通，这两种流通具有一定的比例关系，如果出现比例失衡的情况，将会影响整个社会资本再生产的顺利进行。马克思的社会资本再生产理论的内容主要可概括为五个方面，即社会资本再生产的基本理论前提、社会资本再生产的图示模型、社会资本再生产的实现条件、社会资本扩大再生产的实现方式、社会资本再生产遵循的客观规律。

资本主义经济是发达的商品经济。在商品经济社会中，商品生产者生产出能够满足消费者与市场需要的商品，从而实现商品的价值；消费者通过购买所需的商品，实现商品的使用价值。这种商品生产者与消费者的市场交换过程，是社会资本再生产得以顺利进行的唯一途径。因此，社会资本再生产的核心问题就是社会总产品的实现问题。为了证明这一结论，马克思根据商品的基本用途（使用价值），把社会资本的再生产活动划分为两大部类：第Ⅰ部类为制造生产资料的部门，主要包括采矿、冶金、钢铁等重工业部门和能够为重工业的发展提供原材料的农业生产部门；第Ⅱ部类为制造生活资料的部门，主要包括食品、服装、家电等轻工业部门。第Ⅰ部类产品的实物形态是生产资料，第Ⅱ部类产品的实物形态是生活资料（亦称消费资料）。两大部类在一个年度生产的全部物质资料总和，即被称为社会总产品。总产品的价值由不变资本价值（c）、可变资本价值（v）和剩余价值（m）构成。所谓"社会总产品的实现"，是指社会总产品的各个组成部分，通过市场交换都能得到价值形态补偿和实物形态替换。社会总产品的各个组成部分若能实现双重补偿，社会资本再生产就可顺利进行；否则，社会资本再生产就会受到影响或中断。马克思把社会资本的生产活动划分为两大部类的方法为其他分类法的形成提供了思路。在两大部类分类法之后形成的其他分类法，都是对马克思两大部类分类法的进一步拓展和深化。

社会再生产按其规模又可分为两种不同类型，即社会资本简单再生产和社会资本扩大再生产。社会资本简单再生产是资本主义社会再生产的基础、出发点，而社会资本扩大再生产才是社会再生产的现实特征。社会资本简单再生产指的是一种生产规模相对固定、不会再发生任何变化的重复进行的生产活动。社会资本扩大再生产指的是生产规模不断扩大条件下重复进行的生产活动。另外，马克思还对扩大再生产的实现方式做了两种不同区分：一是外延型扩大再生产；二是内涵型扩大再生产。外延型扩大再生产就是在生产技术水平、生产要素质量不变的条件下，仅靠增加要素投入、创建新的工厂或扩大生产场所等方式实现产值产量的增长；内涵型扩大再生产则是指通过促进生产技术进步、提高生产要素构成与质量以及提高劳动生产率等实现产值产量的增长。马克思的社会资本再生产理论科学分析了社会总产品在商品交换关系中的整个实现过程，揭示了社会再生产按一定的比例关系发展，不以人的主观意志为转移的客观规律，只有社会生产的各个部门都能按照一定的比例进行生产，才能确保整个社会的供给与需求保持一个相对的平衡状态。我国是社会主义国家，社会的经济活动方式仍未跳出商品经济范畴。因此，马克思的社会资本再生产理论，对于促进我国产业结构转型升级、实现经济高质量发展具有十分重要的意义。注重经济的协调发展，走内涵型扩大再生产道路，是保证国民经济良性循环与可持续高质量发展的客观需要。

二、资本有机构成学说

资本有机构成学说是以《资本论》为核心的马克思政治经济学体系中的一个重要理论支柱。马克思自己曾这样评价资本有机构成学说："无论如何你会承认，由于考虑到了资本的有机构成，许多似乎一向存在的矛盾和问题都消失了。"资本有机构成学说是马克思的首创，是马克思在研究资本主义资本积累这一问题的过程中创造性地提出来的。所谓资本有机构成是指"由资本技术构成决定并反映技术构成变化的资本价值构成"，用公式表示为 $c : v$。资本的构成可从两个方面进行考察。从物质形态看，资本是由一定数量的生产资料和劳动力构成的，它们之间也保持着一定的比例关系，这种比例关系是由一定时期生产的技术水平决定的。一般来说，生产的技术水平越高，单位劳动所使用的生产资料就会越多，反之则越少。

在要素市场供求关系平衡条件下（如不存在原材料或劳动力价格的

波动），资本价值构成水平的高低是由资本技术构成水平高低所决定的，而资本的技术构成又是通过价值构成的形式表现出来的。因此，资本的价值构成与技术构成之间存在着十分紧密的内在联系，二者相同的变化趋势就是资本构成的提高。其中，技术的进步无疑在资本有机构成提高过程中扮演着十分重要的角色。在资本积累的过程中，资本家为获取更多的剩余价值、在激烈的市场竞争中占有一席之地，势必会通过更新固定资本、革新生产技术等方式提高劳动生产率。此时，工人使用的生产资料增多，而使用生产资料的劳动力相对减少，这就造成了资本技术构成和资本有机构成的提高。马克思认为，资本有机构成提高是一把双刃剑，对社会经济发展既有积极影响，又有负面效应。一方面，资本有机构成提高会促进社会劳动生产率提高，致使产业结构发生变化；另一方面，资本有机构成的提高会造成人口的相对过剩，社会失业率上升，甚至会引发经济危机。从资本有机构成对产业结构变动的影响看，不同产业部门的资本有机构成是不同的，即使是同一部门内部的不变资本与可变资本的比例也会发生变化。而这种有机构成差异就会导致不同产业部门利润率的差别。比如在三大产业中，第三产业不仅吸收劳动力的能力最强，而且第三产业中包含许多技术含量高的行业，如信息技术、金融业、科学研究、教育等。由于这些行业，尤其是新兴的现代服务业对高素质劳动力的需求空间巨大，因此大力发展第三产业，不仅能够有效缓解资本有机构成提高带来的就业问题，还能优化产业结构，提高产业整体的竞争力。

马克思的资本有机构成学说不仅对分析资本主义产业结构的演进具有重要意义，还对阐释我国产业结构的转型升级具有重要的理论价值。在科技进步条件下，伴随资本的不断积累，社会资本有机构成不断提高，这是不以人的主观意志为转移的必然趋势。资本有机构成的不断提高，总是以科学技术的进步、创新为前提的。否认或阻止资本有机构成提高的想法和主张不仅是对科技进步的阻挠和限制，也是对产业结构转型升级的阻挠和限制。至于如何缓解或解决劳动者就业机会减少、工人下岗失业问题，其关键不是产业结构要不要转型升级，而是各级政府社会治理的水平和能力如何。另外，社会资本有机构成不断提高，是对劳动力的解放，有利于人的全面发展，有利于产业结构转型升级。目前，随着中国新经济发展步伐的不断加快，产业资本的配置方式必然会由原来的劳动密集型，逐步向更高层次的资本密集型和技术密集型转变，这既是资本构成向高度化演变的必然趋势，也是产业结构转型升级的一个固有特征。

三、产业竞争原理

市场竞争是指商品生产或者商品经营者为争夺有利的生产或流通条件和地位而进行的斗争。竞争是商品经济的一般规律，它是商品本身内在矛盾的产物，只要有商品生产和商品交换，竞争规律就起作用。马克思以当时正处于自由竞争时期的资本主义为研究对象，从当时的资本主义生产方式与资本主义所具有的内在矛盾角度出发，通过论述生产力与生产关系的辩证统一关系，对产业竞争的内涵、本质、特征、功能、作用、分类等，进行了较为全面的分析。马克思在对竞争问题的研究中，不仅分析了资本主义竞争的相关内容，揭示了资本主义生产方式与市场经济运行的特殊规律，同时，探讨和论述了具有广泛意义的一般性竞争的相关内容，揭示了整个人类商品经济和市场经济运行的一般性规律。因此，马克思的竞争理论为我国在进一步完善社会主义市场经济体制过程中重视和利用好竞争机制的积极作用、规范市场竞争秩序、形成良好的市场竞争环境提供了科学的方法论指导。

马克思认为，竞争是商品经济的一个必然产物，是存在于资本主义整个生产过程的常态。马克思在对竞争与剩余价值的生产、实现，以及竞争与资本积累之间的关系深入研究后指出："自由竞争使资本主义生产的内在规律作为外在的强制规律对每个资本家起作用。"马克思把竞争看作资本进行增值运动、生产相对剩余价值、维持资本主义生产方式正常运转的重要手段。马克思通过进一步的分析还发现，竞争能使不同产业部门的利润率（P）逐步达到平均化水平，形成平均利润率（P′），为资本家等量资本获取等量利润提供统一的分配尺度和依据。马克思还认为，竞争能够促进资本主义技术革新，提高整个社会的劳动生产率，是资本主义生产力得以快速发展的"助推器"。另外，竞争还会进一步加剧资本主义矛盾，盲目竞争会造成社会资源的巨大浪费，竞争形成的优胜劣汰也会导致对市场起弱化作用的资本垄断的形成。

产业竞争是指某一国家或地区的某个特定产业，在生产效率的高低、能否有效满足市场需求、能否持续获利等方面，与其他国家或地区的同一产业进行的较量和争夺。通俗地说，产业竞争就是比较和争相提升产业的经济优势，即企业、产业或国家具有能够比其他竞争对手以更有效的生产方式生产出占据更多市场、消费者更愿意购买的产品，获得自身满意的经济效益的综合性竞争能力。产业竞争的表现形式为个别资本围绕利润率高低在不同的产业之间、部门之间、国别之间自由转移。

竞争是市场机制能够形成且发挥推动社会经济发展作用的制度性基础。不论是资本主义经济还是社会主义经济，要想实现经济的可持续高质量发展，都需要完善产业竞争机制，这对于促进产业结构优化具有决定性意义。在我国的产业结构转型升级过程中，厘清政府与市场的边界，正确处理政府与市场的关系非常重要。处理好政府与市场的关系，实际上就是解决好政府与市场谁在资源配置过程中起决定性作用的问题。经济的高质量发展要求提高资源尤其是稀缺资源的配置效率，用尽可能少的资源投入生产出更多更好的产品，获取尽可能多的收益。市场经济从本质上说就是市场决定资源配置的经济。生产要素在不同的行业之间、产业之间自由转移，企业在竞争中优胜劣汰，这正是资源实现有效配置的表现形式。在市场经济体制下，政府的作用不是代替企业、家庭和个人做出资源配置决策，而是制定和发布产业政策，为经济活动主体创造合理、有序、公平的市场竞争环境，为经济活动的健康、稳定、高质量发展提供保障条件。因此，认真理解马克思的产业理论、学会运用产业竞争机制、正确认识政府的管理职责，有利于转变经济发展方式，提高经济发展质量。

四、产业结构优化理论

产业结构优化是产业结构理论的一个重要组成部分，它是指通过进行产业调整，实现各产业间的协调发展，从而促进产业结构不断向合理化、高度化转变的发展过程。推进产业结构不断向合理化与高度化转变，实现国民经济的健康、持续、快速、高质量发展是产业结构优化的最终目的。产业结构的优化主要表现在以下两个方面。

一方面是产业结构合理化。产业结构合理化是指加强一国各产业间的协调能力，提高各产业间关联水平的动态过程。当经济发展到一定阶段时，产业结构合理化的实现，需要根据当时客观实际存在的消费需求与资源条件，调整之前比例关系不够协调的产业结构，使资源能够在产业间得到最优的合理配置，提高产业结构的整体质量。如何使经济的供需结构彼此能够更好地相适应，如何协调三次产业之间及各次产业内部的比例关系，以及如何充分发挥出产业结构的经济增长效应，是实现产业结构合理化必须解决的三个核心问题。从上述分析中不难看出，协调是产业结构走向合理化最为核心的内容，但这种协调并不是一种产业间平均发展、各产业发展水平完全相同的绝对平衡，而是各产业间的相互转换、相互促进和互补服务所形成的整体的相对平衡。各次产业之间只有具备了相互促进、协调、服务的能力与和谐的关系，才能充分激发各产业部门之间的关联效应，某些优势突出的产业只有在这种各产业间合作、协调的关系中才能带动其他产业的发展，最终实现各产业部门的全面发展，提高整个国民经济的经济效益与发展水平。因此，对不够理想，甚至有些扭曲的产业结构进行合理化调整，有利于加速一国经济由不平衡增长向平衡增长的转变进程，有利于促进国民经济的协调增长与持续发展，对一国经济实现高质量发展有着至关重要的促进作用。产业结构向合理化调整需要经历两个过程：一是调整和协调各产业部门之间的关系，使之趋于平衡的过程；二是调整和协调各次产业内部各行业之间的平衡关系被打破的过程。产业结构在调整和趋于合理化的过程中会有较大的收益，这就是产业结构能够不断进行调整和协调、不断向合理化方向发展的根本动力所在。而产业结构调整的市场机制与计划机制则是对产业结构进行协调、调节，实现产业结构合理化的最主要的两种调节方式。产业结构调整的市场机制是一个经济主体根据市场释放出的市场价格变动的信号，对自身及时进行调整，尽可能使供给结构与需求结构的变动能够保持一致并相互适应的过程。市场机制调整具有精准、灵敏和稳妥的优点，但同时也具有滞后性、调节成本高等缺点。产业结构调整的计划机制是一个政府直接对资源进行配置，使产业间的资源尽可能实现最优配置，从而促使产业结构调整变动的过程。计划机制调整具有主动性强和成本低的优点，但同时也具有不够精准、市场摩擦大等缺点。目前，包括中国在内的世界各国都是采用将两种调节机制相结合的方式对产业结构进行合理化调整，但各国由于经济发展阶段与水平不同，对两种机制的侧重点也有所不同。

另一方面是产业结构高度化。产业结构高度化是指产业结构从较低水平状态逐步向较高水平状态转变的动态发展过程。这一动态发展过程具有如下四个特征：一是产业结构由第一产业占优势比重向第二、第三产业占优势比重的方向演进；二是由劳动密集型产业占优势比重向资金密集型、技术密集型、知识密集型产业占优势比重的方向演进；三是由低附加值产业占优势比重向高附加值产业占优势比重的方向演进；四是由低加工度产业占优势比重向高加工度产业占优势比重的方向演进。

一般说来，决定和影响产业结构变动的因素涉及诸多方面，但科学技术、经济制度、经济体制、经济机制的创新，在整个产业结构的变动与高度化发展过程中起到了不可取代的作用。创新直接和间接地对产业结构变动产生着影响和作用，为增强产业结构自身的转换能力与产业结构向高度化转变提供了根本性动力。产业结构在向高度化发展的过程中有着自己的转变运行机制，单个产业部门产生的变动是产业结构高度化的基础，产业结构中包括多种不同的产业，单个产业部门的变动最终会使整个产业结构发生变化。因此，只有各个不同产业都发生变动、共同发力才会引起产业结构的高度化。美国著名经济学家西蒙·史密斯·库兹涅茨在《各国的经济增长》一书中指出，只有各个产业间不断更迭优势地位，才能实现产业结构的高度化。实现产业结构的高度化，主导产业从中扮演重要角色。纵观整个产业结构向高度化转变的过程，它其实就是主导产业及其相关群体不断地进行转换与更迭的渐进过程。同时，这是一个产业结构逐渐由低级向高级、由简单向复杂转变的历史演进过程。美国经济学家罗斯托在《经济成长的阶段》一书中提出，主导产业通常都是高增长的产业，少数主要成长部门的快速发展与扩张，是能够使经济发展在相对发展较为成熟但仍在发展的经济体系中，仍能保持较快发展速度与加大发展冲击力的重要原因之一 [①]。

产业结构优化为产业结构转型升级提供了必不可少的动力，是产业结构能够进一步顺利进行合理的转型，向更高层次、更高质量升级的必要条件。同时，产业结构转型升级是产业结构优化的一个必然结果。虽然二者的关系十分紧密，但也有所区别。产业结构优化是指通过进行产业调整，实现各产业间的协调发展，从而促进产业结构不断向合理化与高度化转变、发展的过程。产业结构优化侧重的是各次产业关系的协调，而产业结构转型升级所涵盖的内容要相对宽泛。

五、供给侧结构性改革原理

供给侧结构性改革是中国特色社会主义市场经济实践的重大举措，是中国特色社会主义政治经济学的重大理论创新成果，是对马克思主义政治经济学理论与实践的继承、创新和发展。供给侧结构性改革就是运用马

---

① 罗斯托.经济成长的阶段 [M].国际关系研究所编译室，译.北京：商务印书馆，1962：75-76.

克思主义的立场、观点和方法，将治理经济的重点由需求端、消费端转向供给端、生产端，致力于解决实体经济产业结构等结构性失衡问题，并通过行政管理体制、宏观调控管理体制、社会主义市场经济体制等方面的改革，最终实现产业结构转型升级、供给体系质量得以提升、供给结构与需求结构和水平得以适应，从而使人民美好生活需要得以满足，同时社会资源得以合理有效配置和高效利用，国民经济得以长期稳定发展。需要指出的是，供给与需求、供给侧与需求侧不是非此即彼的对立关系，而是社会再生产四环节中的重要两环，是市场经济正常运行的重要构成部分，是对整个国民经济进行宏观管理的基本手段，是相辅相成的两个方面。

供给侧结构性改革的提出，是基于我国经济发展和世界经济形势的历史和实践逻辑做出的战略选择。从国际方面来看，一方面，在遭受金融重创之后，西方发达国家陷入长期经济低迷期且复苏乏力又缓慢，直接导致我国出口大幅减少且增长艰难；另一方面，在反思教训之后，西方发达国家开始认识到制造业对经济稳定增长的重要性和关键作用，于是将经济发展的重点开始重新向发展生产和实体经济转移，纷纷实行再工业化经济发展战略，对我国的工业生产形成了竞争压力。从国内方面来看，为了保增长或稳增长，我国采取了一系列主要针对经济周期性波动的宏观调控政策，如积极的财政政策、稳健的货币政策和政府投资政策。这些政策得到了广泛、有效的实施，确保了国内经济的健康发展和平稳增长。产业结构、城乡结构、区域结构、需求结构等经济结构随着国民经济的发展和居民收入的提高也在发生着深刻的变化。随着传统人口红利的逐渐消失和资源能源生态环境的约束加剧，经济增长的动力也亟须向创新、技术等方向转换。同时，前期刺激消费的政策的负面效果开始显现，如重复建设现象普遍，工业产能严重过剩，三、四线城市房地产库存过大，企业的杠杆率过高，企业的制度性交易成本及税费、物流等成本过重，消费者的有效需求无法得到满足等。正是基于这样的现实问题导致的经济下行压力，供给侧结构性改革应运而生。

第三节　核心概念界定

从著者在前文提到的学术研究成果和相关理论基础中，不难发现产业发展与结构优化调整都是以时代大背景为重要依托的，人才和人才结构的合理性更是从中发挥着至关重要的作用。针对此，著者在图1-2中先将本书创作的三个核心概念加以明确，并在下文做出相关概念界定。

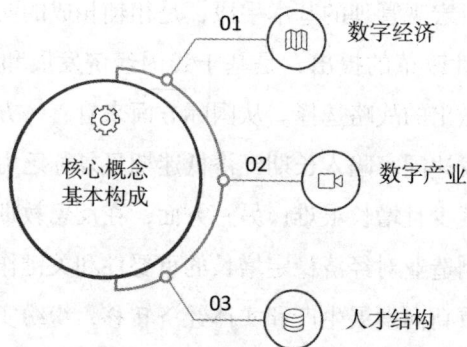

图1-2　本书创作核心概念的基本构成

如图1-2所示，数字经济下的浙江省高层次数字产业人才结构优化的过程中，无论是在理论层面的分析与研究，还是在实践层面的观点阐述中，首先要明确什么是数字经济，什么是数字产业，什么是人才结构，再由此找出三者之间的关系所在，这样才能确保数字经济下浙江省数字产业人才结构优化与调整始终处于科学合理的状态，让浙江省数字经济又好又快发展始终拥有坚实的人才基础。接下来著者就立足这三个核心概念做出具体学术界定。

一、数字经济

"数字经济"这一概念最早由唐·泰普斯科特在1995年出版的《数

字经济：网络智能时代的希望和危险》一书中提出。几十年来，各国学者和机构纷纷对"数字经济"做出定义，主要有四种角度。

第一种是从行业范围角度认识数字经济。田丽认为，1997 年，日本通产省将数字经济界定为广义的电子商务。[1] 沈志斌和郭志强认为，美国商务部在 1998 年发布的报告《新兴的数字经济》中，将数字经济定义为电子商务及其赖以实施的信息技术产业之和。[2] 布伦特·莫尔顿（Brent R. Moulton）认为数字经济是包括信息技术和电子商务在内的经济活动。[3] 他将"信息技术"解释为信息处理和软件、半导体、通信设备等相关设备，将"电子商务"解释为利用网络销售商品和服务。梅瑟堡（Mesenbourg）将"数字经济"理解为它由电子商务基础设施、电子商务流程和电子商务这三个组成部分。[4] 但是，裴长洪认为，由于对行业范围的界定不同，行业规模也难以测算，这类定义给统计造成了困难。[5]

第二种是从投入产出角度认识数字经济。逢健在探讨国外数字经济发展趋势的过程中，对英国研究委员会的观点进行了阐述。英国研究委员会认为，数字经济通过人和技术发生复杂关系而创造社会经济效益。[6] 英国经济社会研究院认为，数字经济是由以信息通信技术为基础的生产和销售工具的投入带来的产品和服务的产出。[7] 布克特（Bukht）和希克斯

---

① 田丽 . 各国数字经济概念比较研究 [J]. 经济研究参考，2017（40）：101–106，112.

② 美国商务部 . 新兴的数字经济 [M]. 数字中国研究院，编译 . 北京：中国友谊出版公司，1999：10.

③ MOULTON B R. GDP and the digital economy：keeping up with the changes Washington D.C.：Bureau of Economic Analysis，U.S. Department of Commerce，1999：34–48.

④ MESENBOURG T L. *Measuring the Digital Economy*[C]. Suitland，MD：US Bureau of the Census，2001.

⑤ 裴长洪，倪红飞，李越 . 数字经济的政治经济学分析 [J]. 财贸经济，2018（9）：5–22.

⑥ 逢健，朱欣民 . 国外数字经济发展趋势与数字经济国家发展战略 [J]. 科技进步与对策，2013（8）：124–128.

⑦ NATHAN M，ROSSO A. Measuring the UK'S Digital Economy with Big Data[R]. London：National Institute of Economic and Social Research（UK），2012：8.

（Heeks）认为数字经济是仅仅由或主要由新一代信息技术和基于数字商品或数字服务的商业模式所产生的经济产出部分。① 这类定义过于强调数字经济带来的产出增加，存在一定的片面性。

第三种是从技术驱动角度认识数字经济。唐·泰普斯科特认为，网络智能时代的经济就是数字经济，信息的呈现和传输都以 0 和 1 这两个数字来实现。② 何枭吟认为数字经济是一场由新一代信息技术不断创新主导的经济革命，带来了社会生产潜力的变化、知识储备的本质变化，以及实现生产潜力的组织方面的本质变化。③ 澳大利亚将发展数字经济视为国家优先战略，在《国家数字经济战略》报告中，"数字经济"被定义为由互联网、移动电话和传感器网络等信息通信技术驱动的经济和社会活动的全球网络。④ 经济合作与发展组织（OECD）发展中心的《发展中国家数字经济治理》报告（2016）指出，数字经济是多种通用技术和人们通过互联网及相关技术进行的一系列经济社会活动的融合。⑤ 李长江将"数字经济"定义为以新一代信息技术方式进行生产的经济形态。⑥ 这类定义突出了数字经济由新一代信息技术驱动这一重要特征，但忽略了作为一种崭新的经济形态，数字经济在关键要素、基础设施、生产组织形式、社会制度等方方面面所具有的特征和变化。

第四种定义是对前三种角度的综合。詹姆斯·威斯顿（James Wilsdon）

① BUKHT R，HEEKS R. Defining，Conceptualising and Measuring the Digital Economy[R]. Manchester：University of Manchester，2017：4.

② TAPSCOTT D. *The Digital Economy*：*Promise and Peril in the Age of Networked Intelligence*[M]. New York：Mc Graw-Hill，1995：18.

③ 何枭吟. 美国数字经济研究[D]. 长春：吉林大学，2005：21.

④ DBCDE. National Digital Economy Strategy[R]. Canberra，Australia：Department of Broadband，Communicationsand Digital Economy，2011：12.

⑤ DAHLMAN C，MEALY S，WERMELINGEr M. Harnessing the Digital Economy for Developing Countries[R]. Paris：OECD Development Centre，Working Paper No.334，2016：11.

⑥ 李长江. 关于数字经济内涵的初步探讨[J]. 电子政务，2017（9）：84-92.

将数字经济理解为基于新一代信息技术、网络设施和数据要素而产生的新经济形态，[①] 不仅包括电子信息制造业、电信业、软件和信息技术服务业、互联网行业等数字经济基础产业，还包括既有的三次产业因应用新一代信息技术获得的产出增加，以及政府利用新一代信息技术进行的治理模式、治理体系和治理能力的数字化创新。例如，二十国集团领导人杭州峰会发布的《二十国集团数字经济发展与合作倡议》认为，"数字经济是以使用数字化的知识和信息作为关键生产要素、以现代信息网络作为重要载体、以信息通信技术（ICT）的有效使用作为效率提升和经济结构优化的重要推动力的一系列经济活动"。中国信息通信研究院在《中国数字经济发展与就业白皮书（2019 年）》中对数字经济做出了近似定义："数字经济是以数字化的知识和信息为关键生产要素，以数字技术创新为核心驱动力，以现代信息网络为重要载体，通过新一代信息技术与实体经济深度融合，不断提高传统产业数字化、网络化、智能化水平，加速重构经济发展与政府治理模式的新型经济形态。"[②] 本书更倾向于从这个角度认识数字经济。因为随着信息通信技术的进步，不仅互联网行业等数字经济基础产业迅速崛起，成为经济社会成长最快的新兴部门，而且通过产业间的竞争与融合，数字经济基础产业带动传统产业乃至整个经济社会产生深刻变革，将重塑社会经济形态。因此，不应将数字经济单纯看作某些产业，或是数据投入带来的产出增加，抑或是信息通信技术驱动的经济活动，而应将其看成一种新的经济形态或是技术—经济范式。基于此，本书将"数字经济"定义为以使用数字化的知识和信息作为关键生产要素、以现代信息网络作为重要载体、以信息通信技术（ICT）的有效使用作为效率提升和经济结构优化的重要推动力的一种新型经济形态。该定义有三个优势：一是体现了数

① WILSDON J. Digital Future : An Agenda for a Sustainable Digital Economy, Corporate EnviromentalStrategy[J]. *Corporate Enviromental Strategy*，2001，8（3）：12–18.

② 中国信息通信研究院 . 中国数字经济发展与就业白皮书（2019）[R].2019 中国数字经济发展论坛，2019（4）：1.

字经济的特征——数字经济以信息通信技术的使用为核心驱动力，在信息通信技术产生以前，不会存在数字经济；二是反映了数字经济的本质——数字经济是继农业经济、工业经济之后的一种新兴经济形态，是对当前社会最先进生产力的生产活动的抽象描述，包括主导产业、生产组织形式、商业模式、基本结构和政策制度等；三是便于统计——可以从要素成本变化、生产率变化、技术投入等角度测算数字经济给产业带来的影响。

二、数字产业

CUDI 国际城市发展研究院院长、学者王超提出，在我们现代社会中以及在研究数字城市过程中，数字化的逐步市场化和其对产业的影响，以及其对社会生产的影响，是人类社会生产前期任何一种生产形态都无法比拟的。根据对"克拉克大分类法"（第一产业：农业；第二产业：工业；第三产业：除第一、二产业外的所有其他产业）的延伸，该产业是指对本身无明显利润但是可以提升其他产业利润的公共产业。所以明确提出数字产业将是第四产业无疑。产业数字化是指产业要素的数字化，是各行各业各种要素形成数据的过程。实际上，任何行业、任何环节、任何要素都可能被数字化。

信息化是数字化的基础，数字化是信息化在新技术冲击下呈现的新特征，智能化是信息化、数字化发展的必然趋势。具体来说，信息技术催生了信息社会文明的诞生，在此基础上，信息技术与数字技术进一步融合、发展，催生了新型数字技术，并使之逐渐成为现代信息技术的主流。随着数字技术的迭代升级，信息化将越来越多地呈现出数字化特征。在此过程中，智能化水平也在不断提高。随着信息技术与数字技术的发展，各种人工智能机器不断出现，最终，信息化的发展将呈现全球化、数字化、空间化、智能化的趋势。

数字化是在掌握大量运营数据的基础上，对企业的运作逻辑和管理经验进行数学建模和优化，进而指导企业的决策与运营的方法。数字化的过程是"机器学习"的过程，即通过使系统反复学习企业的数据和运营模式，使其变得更专业和更了解企业，进而反过来指导企业运营。也就是说，数字化是将企业管理经验模型化，自动分析系统记录的各项数据，并给出分析报告和解决方案。管理人员拿到报告和方案后，依据现实情况修正解决方案。系统通过不断学习、调整解决方案，最终给出最适合的方案，从而提高中层管理人员的工作效率。由此可见，实现数字化转型需要 IT 专家、数字专家、行业专家以及企业管理专家等各领域专家的深度合作，只有这样才能开发出符合某一行业需求的数字化系统。可以预见的是，这一过程一旦突破，企业的管理水平和经济效益会大幅提升。

三、人才结构

人才是指具备一定的专业知识或者特长技能，有一定的创造力和管理能力，能为社会做出贡献、为企业创造价值的员工。在现代人力资源管理中，人才对于企业的发展具有非同一般的意义。一般要求他们具有中专及以上文化、中级及以上职称。[①]

人才结构是指构成组织系统的各要素以及它们之间的配置的组合方式。在人才学上，通常将人才结构分为宏观人才结构和微观人才结构两种。宏观人才结构指的是人才在某个地区、某一社会范围或某一国家中的分布与协调组合，它涉及某一区域或范围内的人才总体在质量、数量以及不同方面的分布和构成，一般包括人才的自然结构、人才的社会结构、人才的经济结构等，由国家或各级地方人民政府的相关职能部门负责管理。微观人才结构指的是某一具体单位的人才在单位系统中的分布与协调组合，一般由单位内部的人力资源管理部门负责调配。人才的自然结构主要指人才在年龄、性别、种族等方面的分布与构成，人才的社会结构主要指人才在教育水平、文化类别、宗教、职业和社会地位阶层等方面的分布与

---

① 张燕花 . 人才概念与人才本质特征初探 [J]. 语文学刊，2014（19）：77-78.

构成，人才的经济结构主要指人才在不同产业部门、不同地区之间和城乡之间的分布与构成。其中人才自然结构是人才结构的基础，人才社会结构体现人才结构的质量，人才经济结构体现人才结构的配置与组合。①

人才结构的"质"与人才结构的"量"是构成人才结构的两个重要因素。人才结构的"质"综合体现在人才个体与人才群体两方面，其主要从人才个体与群体的健康状况、知识水平、技能水平、道德品质、个人修养等方面来衡量，②而人才结构的"量"在不同层次、不同职业类别、不同社会阶层以及不同产业部门、不同地区之间和城乡之间的分布与构成也体现出许多不同之处，这种分布与构成直接反映了一定区域或范围内的人才结构是否配置合理。③

---

① 骆兰. 人才结构影响因素分析 [J]. 商场现代化，2006（30）：270-271.

② 单香玉. 民营企业如何实现人才价值的最大化 [J]. 常州信息职业技术学院学报，2005（4）：81-83.

③ 傅鸿飞，吴垠，李国梁. 试用"人才结构理论"探讨新型"成才观"的研究 [C]. 中国行政管理学会."落实科学发展观推进行政管理体制改革"研讨会暨中国行政管理学会 2006 年年会论文集，2006：1927-1933.

第二章　数字经济大环境与中国数字产业发展

中国数字经济发展进程的不断加快已经成为必然，同时在无形中也推动了数字产业的飞速发展，二者之间呈现相互依托和相互促进的关系。在此过程中，无数优秀的人才为之付出了不懈的努力，让中国数字经济和数字产业发展拥有了较为广阔的发展空间和极为理想的发展前景。对此，在探索数字经济下的浙江省高层次人才结构优化路径过程中，其根基自然是先要客观审视中国数字经济发展的大环境，以及数字产业发展的趋势，由此确保浙江省高层次数字产业人才的需求量和需求方向能够高度明确，为其人才结构进行合理的优化与调整提供最为客观的依据。

第一节　数字经济大环境

数字经济发展是当今时代大环境孕育出的结果，对时代发展与社会进步起着至关重要的推动作用。在此期间，一大批高层次数字产业人才纷纷涌现，加速了我国数字经济发展的进程。针对此，著者认为在探讨数字经济背景下的浙江省高层次数字产业人才结构优化路径的过程中，需要做足前期准备工作，客观认知我国当前数字经济发展的大环境自然是最为根本的一项。本节著者拟以此为立足点进行广泛深入的观点阐述，具体如下。

一、我国传统数字技术设施建设情况概述

随着"十四五"规划的全面落实，我国进入数字经济飞速发展的历史新阶段，发展动力之强劲更是前所未有，不仅全面改变着我国经济发展的基本形态，也改变着广大人民群众日常生产生活的基本方式，究其根本，原因就是我国传统数字技术设施建设的力度不断加大。在此期间，5G、区块链、人工智能等技术相继出现，对我国传统数字技术设施建设提出了多项新的要求。其中，最为明显的表现在于我国在 2020 年已经建成 71.8 万个 5G 基站，同时 5G 用户已经超过 2 亿人，移动互联网用户接入流量由 2015 年底的 41.9 亿 GB 增长到 2020 年的 1 656 亿 GB。除此之外，还全面建成了国家一体化数据中心，充分将我国数据要素的活力释放了出来。接下来著者就通过三组数据，对我国传统数字技术设施建设情况做出相应概述。

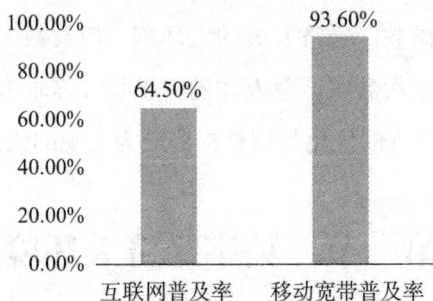

图 2-1　2020 年我国宽带普及率
数据来源：CNNIC

数字经济发展的根本契机在于网络覆盖程度和质量飞速提升，人们

拥有更多的渠道去选择、去接触数字产品，由此让产品交易市场有更多的消费群体更加青睐数字产品，更愿意使用移动支付的方式，让工作、学习、生活的便捷度更高，充分满足人们在物质和精神层面的各种需求。如图 2-1 所示，2020 年以来，我国互联网普及率已经高达 64.50%，并且移动宽带普及率达到 93.60%。作为一个地大物博、拥有十几亿人口的泱泱大国，我国在这一方面显然已经取得了令世界叹为观止的成就。其中，各大、中、小城市及乡村普遍实现了互联网全覆盖，为我国数字经济的发展提供了契机，进而将数字产业发展推向了新的高潮。

除此之外，还有两项数据能够为著者上述观点提供更为有力的证据，即域名总数和网站个数。而这恰恰是网络载体的基本构成，昭示着我国数字经济发展的进程与质量。图 2-2 即体现了 2020 年我国网络载体发展的状况。

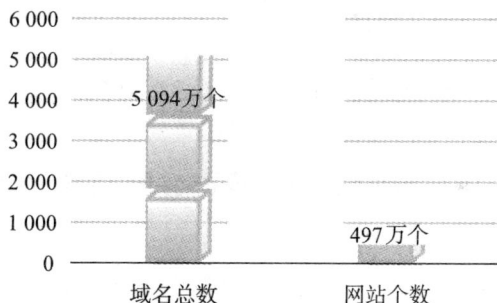

图 2-2　2020 年我国网络载体发展状况（单位：万个）
数据来源：宽带发展联盟

如图 2-2 所示，截至 2020 年底，我国互联网域名总数已经达到 5 094 万个，并且各类网站总数量已经达到了 497 万个，为人们日常生产生活提供了全方位便捷服务。所谓"域名"就是在数据传输时对计算机进行定位的标识，而"网站"就是为互联网用户提供便捷信息服务的平台，这两者数量越多就意味着互联网行业发展状态越为理想，能够更好地满足人们日常生产生活的需要，数字产品需求量也随之不断增加。这样不仅盘活了数字产业的发展，还能使其规模达到最大化，数字经济发展显然也能拥有较为理想的空间。

另外，网络质量也成为影响我国数字经济发展的又一重要因素，如何全面提升其质量也成为当今我国数字经济发展过程中所必须不断加以深入思考的问题。我国在全面提高网络质量方面已经取得了喜人的成果。其中，固定宽带网络和移动宽带网络下载速率就是最为直接的证明。图2-3为2020年我国宽带网络下载速率。

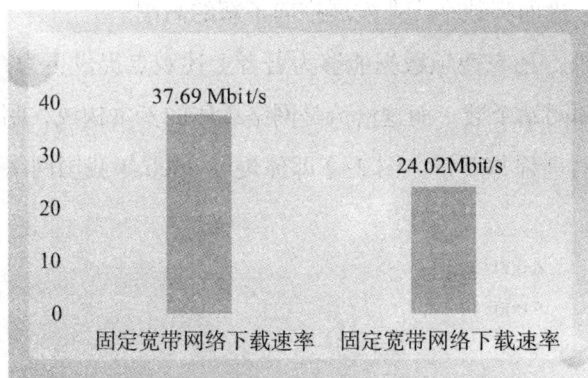

图2-3 2020年我国宽带网络下载速率（单位：Mbit/s）
数据来源：宽带发展联盟

如图2-3所示，根据我国宽带发展联盟公布的数据，5G网络走向市场后，随着时间的推移，形成了向中小城市全覆盖的发展新格局，数字设施已经形成了"天地空"一体化的新格局，在极大程度上满足了人们的日常生产与消费需求，同时对我国数字经济的发展起到了非常重要的保障作用。就2020年我国宽带发展联盟公布的最新统计数据来看，2019年我国网民使用4G移动网络的平均下载速度已经达到了192.16 Mbit/s，使用固定宽带网络的平均下载速度更是达到了301.52 Mbit/s，伴随5G时代的到来，这一数据显然发生了颠覆性的改变，由此显然极大地加快了我国数字经济发展的步伐。

二、我国数字经济增长规模概况

众所周知，数字经济与人们日常生活息息相关，每一个人都是推动我国数字经济发展的个体。对于数字经济发展，人们并不陌生，在日常工作、学习、生活中都有较为直接的感受。下面，著者通过中国信息通信研究院前瞻产业研究院公布的一组数据，对我国数字经济增长走势情况做出明确的概述，并且就各个具有时代意义的时间节点所反映出的数字经济总量进行数据分析，进而说明我国数字经济增长走势所体现出的特征和规律，具体如图 2-4 所示。

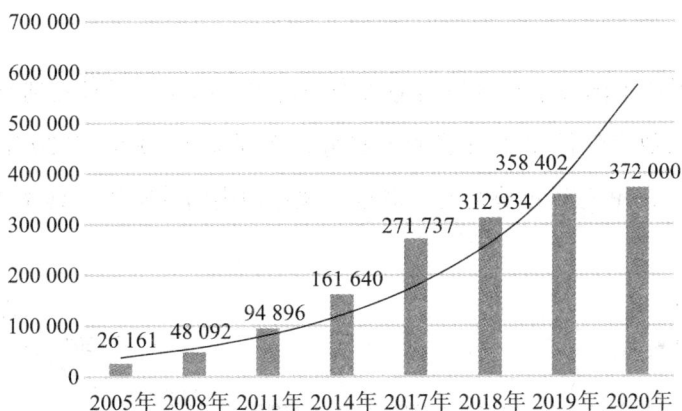

图 2-4 我国数字经济增长走势图（2005—2020 年）（单位：亿元）

数据来源：中国信息通信研究院前瞻产业研究院

结合图 2-4 所显示的数据，不难发现我国数字经济发展的走势非常清晰，具有明显的规律性。其中，在 2005 年，我国尚未进入数字经济时代，所以数字产业也并未形成较大的发展规模，全年数字产业经济总量只达到 26 161 亿元人民币。但时隔 3 年，我国数字经济增长量有了明显提高，已经达到了 48 092 亿元人民币，淘宝、支付宝等购物平台和支付平台也相继出现，并逐渐得到了人们的认可。进入 2011 年，我国数字经济已经实现了跨越式发展，全年经济总量已经达到了 94 896 亿元人民币，与 2008 年相比涨幅接近一倍，人们已经认识到淘宝、支付宝等购物和支付平台的便捷性，受众范围进一步扩大。时间进入 2014 年，微信、苏宁易购、国美在线等一批新的支付方式和交易平台的相继出现并走向成熟，让中国数字经济发展进入一个新的发展阶段，中国数字经济总量也一跃升至 161 640 亿元人民币，与 2011 年相比增长量已经突破 6 万亿元人民币。自 2017 年开始，中国数字经济进入迅猛发展阶段，总量先是实现比 2014 年增加 11 万亿元人民币，并在之后的每年总量都保持在30 万亿元人民币以上，而且依然处于逐年增加的态势，这也充分证明了中国数字经济增长的势头依然强劲，同时也长时间保持了这种强劲的发展势头。

为了让中国数字经济发展势头表现得更加明显，同时做到更直观地说明中国数字经济未来发展的大趋势，下面立足 2005—2020 年我国数字经济占 GDP 总量走势情况，对这一观点做出明确阐述，具体如图 2-5所示。

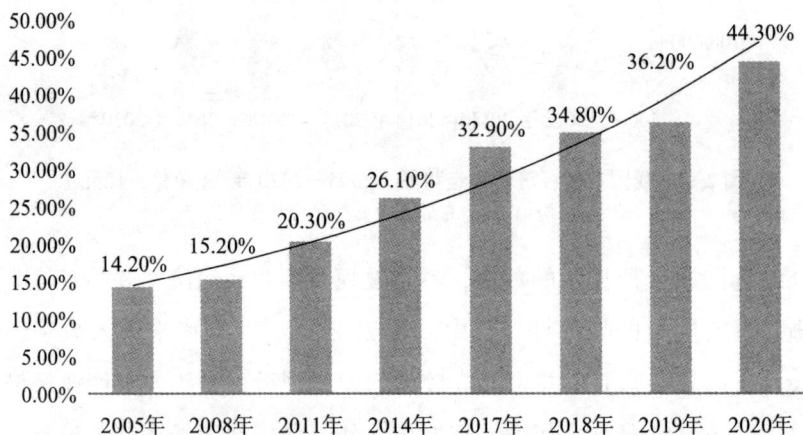

图 2-5　2005—2020 年我国数字经济占 GDP 总量走势图
数据来源：中国信息通信研究院前瞻产业研究院

由图 2-5 可以看出，2005—2020 年，我国数字经济总量占 GDP 总量的比例处于明显上升的态势，尤其是在 2014 年，涨幅已经突破 20 个百分点，与 2011 年相比增加近 6 个百分点，让世人看到了中国数字经济发展的潜力。而在 2017 年，涨幅突破了 30 个百分点，数字经济总量占到了全国 GDP 总量的 32.90%，这不仅具有划时代的意义，同时也标志着中国已经进入全面数字化转型的历史新阶段。随着时代的发展进程不断加快，在 2018 和 2019 年，中国数字经济占 GDP 总量的比重依然处于逐年增加的态势，特别是在 2020 年，这一数据又创历史新高。在"十三五"规划的最后一年，中国数字经济总量占全国 GDP 总量首次超过 40 个百分点，达到 44.30%，与 2019 年相比增长了 8.1 个百分点，这显然能够充分说明中国数字经济未来发展的广阔前景，同时也更能说明数字产业发展迎来了前所未有的新机遇。

综合本节所阐述的观点，可以看出我国当前数字经济发展已经取得了前所未有的辉煌成就，同时在未来发展道路中依然有不可估量的发展潜力，具体表现就是我国数字产业结构升级与调整的步伐依然在不断加快，呈现出数字经济核心产业全面发展的大趋势。其中，数字产业升级与调整的具体表现著者会在下节中加以论述，进一步明确数字产业人才需求的客观支撑条件。

第二节　我国数字产业发展

数字产业发展决定着我国数字经济发展的未来，数字产业发展的现实状况不仅能够说明当前我国数字经济发展所取得的伟大成就，更能让数字经济未来发展的前景更加明确。对此，著者在本节的观点阐述中，首先通过图 2-6 做出最为直观的分析，以明确我国数字经济产业集群战略构成。

图 2-6　我国数字经济产业集群战略构成

结合图 2-6 不难发现，我国数字经济产业集群主要集中在我国北部、中部、华东及华南沿海地区。随着我国数字经济发展进程的不断加快，各产业集群发展的形势更为明显，可见数字产业人才的需求量更大，要求也正在不断提升，浙江省科学合理地开展高层次人才结构优化的必要性极为突出。为此，著者在接下来的观点阐述中立足我国数字经济产业集群的发展概况，展现我国数字产业发展所取得的成就，客观反映高层次人才需求以及人才结构优化调整的必要性。

一、成渝数字经济产业集群发展概况

随着我国数字经济的飞速发展，成都在最近几年已迎来数字经济发展的无限机遇。在与国外众多厂商建立起众多实验基地的同时，还有一系列产业基地落户成都，为四川数字经济发展提供了鲜明的经济导向。例如，与德国合作开发出了智能网联汽车、建成国家服务窗口基地、打造出中国超清创新产业基地等项目，让四川省数字经济迈入又好又快发展新阶段。

除此之外，成都市为加快四川省数字经济发展步伐，已经全面开启"上云用数赋智"行动，在基础设施建设方面，已经全面加强了 5G 基站建设，让 5G 网络实现全省范围内的全覆盖；在国家数字经济创新发展试验区建设中，强调引入具有创新性并且完成数字化转型的企业，让数字产业发展拥有腾飞的翅膀；在国家人工智能创新发展试验区建设中，强调人工智能引领时代发展，确保产业能够实现数字化转型，让传统产业具有时代发展新空间。不仅如此，四川省在数字产业集群建设中，更是强调"大数据+""5G+""绿色能源+""人工智能+""现代供应链+"等新经济发展集群建设，让数字经济成为四川省经济发展的助推器，始终迸发出无限的动能。

再结合国家相关统计数据，不难发现成都数字经济产业集群发展正处于又好又快的发展阶段。其中，在数字经济发展规模上，2021年达到了8 800亿元人民币，占全省当年 GDP 的 49.72% 之多。成都市新经济委员会有关负责人明确指出，在数字生产制造业领域，成都市已经实现了用数字化为生产制造业赋能，并且打造出工业互联网公众服务平台，有关技术部门也已经开发出了工业 App 和企业"上云"平台。与此同时，四川省还开发出一批微物联等工业互联网优势平台，让"互联网+"真正为加快四川省生产制造业发展步伐提供强大的推动力。值得关注的是，四川省还开发出"华为云"等 27 个云平台，实现了全省近 4 万家企业"上云"，让四川省产业数字化水平得到了极大的提升。

2021 年 4 月，中国信息通信研究院（以下简称"中国信通院"）与紫光集团共同发布了一组数据，该组数据明确了成渝数字经济产业集群发展在全国数字产业集群发展中位列第四，成都市数字经济指数已经得到了明显提升。这一数据不仅体现出近几年四川省数字经济发展所取得的成果，同时也说明无数高质量人才为之付出的不懈努力终究获得了回报，在成就当今四川省数字经济发展的同时，更能助力未来四川省数字经济的飞速发展，数字产业发展的前景极为明朗。

2021 年 9 月，中国举办了令世人瞩目的中国国际数字经济博览会，在该博览会中明确指出当前数字经济百强城市中，成都市排名第六位。这不仅肯定了成都市数字经济发展所取得的辉煌成就，更肯定了成渝数字经济产业集群发展所取得的骄人成绩，更能充分说明四川省数字经济发展和数字产业集群发展的未来非常值得期待。

针对当前成渝数字经济产业集群的发展，还有一部分学者认为成都市取得的成绩被低估了，他们认为人才是未来数字经济飞速发展的核心竞争力，而成都市拥有 2 000 万人口，是当之无愧的超大型国际化大都市，在高质量人才的培养方面更是具有得天独厚的优势，这显然为成渝数字经济产业集群的发展奠定了坚实的基础。

二、珠三角数字经济产业集群发展概况

珠三角地区作为我国南方经济圈所在地，是我国南方经济水平的总体代表，其五座城市数字经济发展的总体状况最具说服力，这五座城市分别为广州、深圳、珠海、佛山、东莞。

（一）深圳和广州数字经济产业发展概况

就深圳市数字产业发展的现实情况来看，其在商业、政务、民生三个领域已经实现了数字化发展，并且在珠三角地区排名第一，而广州在数字经济的基础建设方面以及数字产业的发展指数上始终保持第一的位置。

（二）珠海、佛山、东莞数字经济产业发展概况

珠海、佛山、东莞三市主要在物流和数字设施建设方面处于领先地位。其中，东莞市在数字基础设施的建设方面所具有的领先优势较为明显，而珠海市在数字政务和数字民生两个领域处于领先位置，佛山在上述三个领域均处于中游的位置。

除此之外，还有一项极为重要的因素必须得到高度重视，即粤港澳大湾区的全面建设加快了珠三角地区数字经济发展的步伐。大湾区的全面建设，成为珠三角地区人力、物力、财力上的强有力保证，促使珠三角地区数字化发展的速度进一步加快。数字产业转型升级的速度更是其

他数字经济核心区域无法比拟的。其中，粤港澳大湾区无论是在数字产业化、产业数字化，还是在数字化治理方面都拥有较为先进的理念，同时能够始终保持高度创新的融合模式。

最后，再从粤港澳大湾区数字产业转型升级的建设历程来看，数字商业基础设施的建设显然是基础，是扩大内需、提高区域内消费水平的关键条件；全面落实"9+2"融合发展模式，让数字产业发展的驱动力更加强劲；在跨境金融服务方面也不断进行完善；加快智慧湾区建设，推动大湾区城市、产业、交通、物流等领域实现数字化和智能化发展。

三、京津冀数字经济产业集群发展概况

京畿之地素来都是我国经济发展的中心之一。我国数字经济发展步伐始终处于不断加快的态势，这在很大程度上推动了我国京津冀数字经济产业集群的形成，而其发展速度之快也让人叹为观止。其中，发展速度最快的城市莫过于廊坊市，最为明显的表现包括以下三方面。

（一）数字产业基地蓬勃建设与发展

2009 年是廊坊市数字产业发展的开局之年，当"大数据"尚未被广泛认知时，廊坊市就已经着手相关企业项目的引进工作。同年，润泽国际信息港项目进驻廊坊市开发区，2022 年在园区内建成了 5.47 万架机架，服务器总数量达到了 66.4 万台，该园区也因此成为河北省内首屈一指的大数据产业战略性新兴产业示范基地。该企业的进驻，带动了园区内企业面向数字化转型的脚步，诸多企业相继完成了数字化战略性转型，大数据存储业务的开发力度也在不断增大。其中，最为明显的表现就是 5G、大数据等技术的基础设施不断得到完善，在线办公、学习、娱乐软件开发企业得到了更为广阔的发展空间，涉及各个行业的数据流量不断飙升。除此之外，廊坊市数字产业基地还加强了对数字服务产业全面发展的关注，并且将其视为数字产业发展的新方向。

（二）数字产业核心领域高度明确

2021 年相关统计数据显示，廊坊市时有大数据企业已经达到 39 家，主营业务总收入与 2020 年相比有了质的提升，达到了 242.3 亿元人民币，并且在机架运营数方面，全市有超过 6 万架机架正在运行，服务器总数量已经超过了 80 万台；与此同时，在建的机架数量超过 10 万台，产业发展规模今非昔比，数字产业发展的态势极为明朗，大数据产业发展的空间十分广阔。

（三）新型显示产业造就未来

就廊坊市数字产业未来发展而言，其已经有了极为明确的方向，即新型显示产业。众所周知，当今时代已经进入"万物皆可显示"的时代，人们的视觉直观需求也越来越高，所以在数字产业发展的进程中，以数字技术为核心打造出具有时代创新色彩的显示产业无疑是明智之举，特别是廊坊市的固安县，拥有京东方和维信诺两大显示行业生产企业，并且已经完成了数字化转型，这无疑让新型显示产业的发展拥有了极为强大的动力条件。

以维信诺所属的云谷科技有限公司为例，其业务领域涉及运动手环、水杯、台历、音响、手机屏幕的生产制造，不仅色彩绚丽成像也很清晰，能够极大地满足社会对于高清显示屏的需要，并且能够为不同的客户提供个性化定制服务。需要特别关注的是，在该园区内部，该类型公司数量已经达到了 30 多家，并且已经形成了多条 OLED 生产链和原材料供应链，避免了国内市场在该领域占比不足、社会需求难以得到全面满足的局面。2021 年，该生产基地被纳入"国家火炬特色产业基地"之列，并制定出了到 2025 年产业规模实现 1 000 亿元人民币的新目标。

四、"两湖"（湖南、湖北）数字经济产业集群发展概况

湖南省作为我国中部地区经济发展大省，品牌化、数字化、个性化发展特征较为明显，在供给体系质量不断提升的同时，还做到了全球价值链的不断升级，进而让创新创造新活力不断迸发出来。

从湖南省经济品牌化发展之路来看，许多中国国民优秀品牌均诞生于此地，由此形成了广为流传的"中国智造看湖南"的说法。2022年湖南省有关部门组织了相关的征集活动，一批优秀企业赫然在列，其评判标准不仅包括产品、技术、服务三方面，更包括文化、精神、价值观方面，这对湖南经济发展起到至关重要的推动作用。面对数字经济发展速度的不断加快，湖南省作为我国中部经济发展大省，自然也呈现出全面发展的态势。其中，数字产业发展的重点落在全面加快移动互联网产业发展步伐上，湖南省提出了加速互联网生态发展新目标。

早在2020年，湖南省政府就与华为集团签订了战略合作协议，其框架内容主要体现在鲲鹏计算机产业发展方面，即增强湖南省自主品牌服务器生产实力，建设鲲鹏生态创新中心。湘江鲲鹏信息科技有限公司应运而生。随着时间的推移，湖南省在软件与硬件产业发展领域形成了一套综合性的发展方案，这无疑为湖南省互联网产业的飞速发展提供了强劲动力。进入2022年，湖南省又一次提出了软件业再开发的发展方案，更好地适应了数字产业发展的必然规律。

湖北省作为我国中部地区经济发展又一大省，在区域产业发展方面紧跟时代发展步伐。在数字经济飞速发展的今天，湖北省在数字产业转型升级方面做出了一系列战略部署，形成了全新的战略布局。在此期间，以武汉为中心打造出数字经济牵引极，以汉江流域为延伸，分别建设"汉江数字经济连绵带"和"沿长江数字经济连绵带"，力求湖北省数字产业发展始终保持强劲势头。

在具体战略规划实施方面，湖北省强调在数字产业发展进程中的

九大任务，即互联网通信技术设备的布置要具有超前性、数字资源管理体系的构建要不断强化、核心数字产业的创新链条要具备极高的韧性、特色智慧农业的发展要做到大力实施、制造业的数字化转型要不断深化、创新发展服务业新业态模式、全面加强城乡高效能治理工作、营造极为理想的数字经济发展环境、加快特色高效现代智慧农业发展进程。

在数字产业工程建设方面，2023 年"中国光谷""5G+""北斗创新产业链融合"三大工程已成功落地湖北省。与此同时，湖北省还提出了一系列在全球范围内具有影响力的战略性新兴产业，让制造业企业实现了数字化转型升级，确保了数字经济与实体经济之间保持高度的融合发展态势，确保了湖北省数字经济发展能够拥有不竭而又强大的动力。

五、长三角数字经济产业集群发展概况

长三角地区作为我国经济发展的重点区域，随着我国数字经济的腾飞，已成为我国数字经济发展的核心区域之一。以上海、江苏、浙江为主体的数字经济产业集群迅速形成，这显然为我国数字产业转型升级插上了腾飞的翅膀。下面就对这三个区域数字产业发展状况进行具体的解读与分析，进一步说明我国数字产业未来发展的大形势。

（一）上海市数字经济产业集群发展概况

上海市作为我国中东部经济中心，是我国经济发展进程中重要的前沿窗口，所以在数字经济发展中，它必将是我国长三角数字经济产业集群的核心。上海在数字产业发展过程中，主要将四方面作为基本侧重点，并且各项举措已经取得较为理想的实施效果。

1. 不断加快城市产业数字化转型步伐

上海市委市政府有关领导部门作为实践先锋，组建了数字化产业转

型小组并全面落实各项工作，强化并不断完善其相关机制，统筹全局促进城市产业数字化转型升级的实现，确保各部门、各领域、各区域之间形成协同发展之势。

2. 数据市场的建设被视为重中之重

数据要素体系的建设是全面推进数字产业发展的重要条件，数字产业发展更要以数据为依托，进而使市场交易以数字交易为根本形式，在无形中加快企业数字化转型的脚步，推动城市数字经济的飞速发展。其间，数据高度开放、数据高速流通、数据服务领域的全面拓展、数据基地的全面建设是重中之重。

3. 数字产业化的动力始终处于强化的状态

毋庸置疑的是，上海是我国的金融中心，而金融产业又是上海发展的核心动力，所以不断突破数字技术的局限性显然是推进其经济发展的重要条件。如今，软件升级、高智能装备、智能化终端技术的供给等方面已经实现全面提升，由此也形成了汇聚高端数字企业的产业集群，有利于实现数字赋能体系价值最大化。

4. 产业数字化的活力得到充分展现

产业数字化是数字产业发展的重要标志之一，加快其发展步伐显然能够推动城市数字经济的飞速发展。就上海市数字产业发展已经取得的成果而言，数字技术与生产制造、电子商务、金融科技、航运及农业发展已经形成了深度融合，让城市产业数字化转型成果得到了进一步深化。

（二）江苏省数字经济产业集群发展概况

江苏省作为我国华东地区经济大省，在数字经济发展大浪潮中同样发挥了引领时代发展潮流的作用。其中，数字产业化、产业数字化、数字化治理既是江苏省数字经济发展的核心部分，也是其未来发展道路中长期坚持的侧重点。具体任务与目标主要包括五方面。

1. 产业基础的高度强化

积极探寻软件产业城市建设的基本思路，深入探索建设思路、建设方案、建设措施，充分发挥产业聚集效应，为全省软件产业发展起到积极示范作用，促使全省软件企业和信息服务业始终保持高质量发展态势。

2. 全面凸显数字技术的引领作用

2021 年是江苏省数字经济快速发展的一年，其所取得的成就举世瞩目，特别是在云计算、物联网、大数据的应用方面。此外，工业企业也得到了全面深化，诸多企业走上了"企业上云"之路，让数字产业不断创新发展成为现实。

3. 加大数字技术与产业的深度融合

2021 年，江苏省全面促成石油化工企业、动力机械企业、冶金纺织企业、轻工与建材企业实现数字化转型，在技术层面上强调虚拟数字技术建模、数字管理、数字仿真技术的深度应用，推动了江苏省实体企业品牌高端化发展之路的全面建设与发展，并形成了具有国际影响力的先进数字产业集群。

4. 打造高度共享的数字社会

众所周知，数字经济的飞速发展必然会成就数字城市的全面形成，最终会搭建起智慧城市构架。其间，不仅要实现教育的数字化，还要实现医疗、卫生、公共服务的数字化，最终确保数字与社会发展之间高度融合。江苏省在数字经济产业集群建设中，更是将其作为一项重要任务，并且其规模已经直观地展现在世人面前。

5. 数字化治理高度不断提升

数字政府的建设作为江苏省引领数字产业化发展道路中的关键一环，是全面提高数字产业效能的重要保证，也是江苏省数字经济飞速发展的强有力的保证，所以这也是江苏省数字经济产业集群发展的基本任务之一。

（三）浙江省数字经济产业集群发展概况

浙江省是我国经济发展大省，在数字经济飞速发展的今天，其数字产业发展规模更是在全国范围内令人叹为观止。浙江省的数字产业发展的成就主要体现在"创新"二字上，创新发展已经成为浙江省数字产业发展的固有特色，具体表现主要包括以下三方面。

1. 产业转型升级路径以数字赋能为中心

从数字技术层面分析，浙江省已经实现了 5G 技术、人工智能技术、云技术、大数据技术、物联网技术、区块链技术的全覆盖，并且在多领域实现了深度融合和广泛融合，数字工厂、未来工厂、数字车间也已在产品生产中成为现实。在此基础上，浙江省依然在探索更具特色的产业数字化转型之路，挖掘数字经济发展道路上的新动能。

2. 铸就数字产业发展新模式

浙江省在进一步探索数字产业转型发展过程中，强调数字经济自身的强大引领作用，将新零售模式、新支付方式、金融科技发展模式、跨境电商、在线经济模式的层次提升至重要位置，引领公众消费观念全面升级，同时强调为数字产业发展注入更加鲜活的新动力。

3. 数字化治理成效极为显著

服务的数字化一直是浙江省加快数字产业转型升级步伐的重要着力

点，一方面强化"城市大脑"建设，另一方面面向公众服务、市场监管、社会治理、环境保护等多个领域，形成以数据驱动为发展新方式的数字产业治理新格局。

通过本节所阐述的观点不难发现，截至目前，我国数字产业发展正处于又好又快的阶段，五大数字经济产业集群发展状况能够充分证明这一观点，并且在未来的发展道路上势必会有更为突出的成就呈现在世人面前。但是，实现新的突破必须先明确时代发展所赋予的新任务。随着我国数字经济发展速度的不断加快，数字产业发展必然会面临诸多新的要求，具体内容著者会在下文详细论述。

第三节　数字经济下数字产业发展的新要求

面对我国数字经济发展进程日益加快的趋势，数字产业发展显然需要不断进行结构性调整，由此才能充分保证我国数字产业始终能够推动数字经济保持又好又快的发展势头，同时确保人才培养的方向更加具体，高层次人才结构的优化与调整更具科学性与合理性。在此期间，必须明确以下四个新要求，具体如图 2-7 所示。

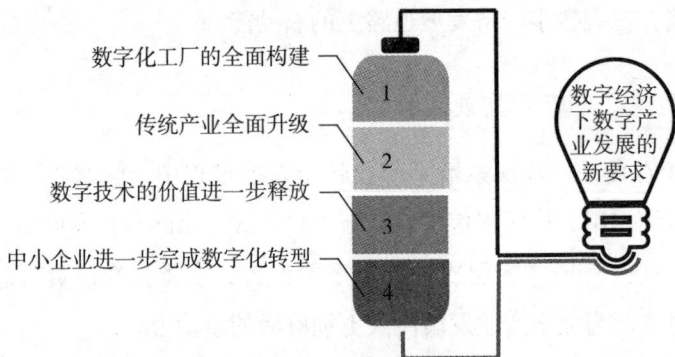

数字化工厂的全面构建　1

传统产业全面升级　2

数字技术的价值进一步释放　3

中小企业进一步完成数字化转型　4

数字经济下数字产业发展的新要求

图 2-7　数字经济下数字产业发展的新要求

结合图 2-7 所明确的新要求，不难发现我国未来数字产业发展要面临诸多新挑战，其严峻形势不言而喻。而这也充分反映出我国未来数字产业发展的人才需求也要有层次上的改变，高层次人才的培养以及人才结构优化调整更是一项极为严峻的任务。对此，著者立足数字经济下数字产业发展的新要求，对这一观点加以验证。

一、数字化工厂的全面构建

所谓"数字化工厂"，就是以数据为基础，在计算机虚拟环境中对产品的生产环境加以仿真，然后将产品生产过程进行数字化评估与优化，最终形成完整的产品生产周期。在此期间，必须实现产品开发过程高度数字化、产品生产过程高度数字化、产品营销过程高度数字化，从而达到提质增效的目的，这是我国当前产业化发展道路最为理想的状态，也是数字经济背景下数字产业发展所面对的新要求。

（一）虚拟样机的引进与应用

"虚拟样机"技术作为一种数字化设计方法，能够解决产品"如何制造→工艺设计"中的具体问题，让产品设计由不可能转为可能，从而提高产品本身的创新性。在该技术中，现代信息技术是最基本的技术支撑，先进设计制造技术和现代管理技术作为技术核心，确保产品从设计到研发、从研发到制造过程都能由虚拟转化为现实，从而让产品本身的设计理念和生产工艺的创新性更为凸显。这显然是未来社会我国产业化发展之路所孕育的必然产物，更是我国数字产业水平的重要象征。

（二）虚拟制造辅助工程的应用

该项工程的应用需要有极为苛刻的辅助条件作为支撑，即多学科先进知识的系统性综合。其中，计算机仿真技术作为基本的支撑条件，对所要设计、研发、生产的产品进行建模，进而准确分析出产品生产过程对产品所能够产生的影响，进而让产品生产的可能性、成本、可创造性得到有效预估，不仅确保产品从无到有的过程拥有较大的可能性和极强的创新性，更能保证其质量，同时实现成本的科学控制。这也是数字经济对我国数字产业发展提出全面构建数字化工厂这一新要求的主要原因。

著者在上文已经针对模拟样机技术的核心部分做出了明确阐述，也对其作用和价值进行了具体表述，所以此处的观点论述，将重点放在模拟治理技术上。该项技术依然以仿真技术为重要支撑，通过智力模块的数据分析，产品设计、研发、生产、推广、服务的全过程影响因素进行分析，从中得出全面提高各个环节运行质量的关键条件。这显然是全面提升产业管理水平的关键，更能让产品从开发到最终的售后服务始终保持高质量的运行状态，产业发展的可持续性自然得到全面提升。这也是在数字经济对我国数字产业发展提出全面构建数字化工厂这一新要求的基本原因。

二、传统产业全面升级

数字产业发展的重要依靠就是新技术，其中包括大数据技术、云计算技术、智能控制技术、传感识别技术等，而传统产业所依靠的资源主要体现在技术型人才、服务型人才、传统生产设备等方面。由于我国数字经济发展速度日益加快，新技术、新设备、新系统可全面提高产业效能，所以传统产业全面升级已是产业未来发展的必然趋势，也是数字经济下数字产业发展所要面对的新要求，下面著者就对其具体原因进行明确分析。

（一）产业传统资源的有效整合

数字经济的全面发展为市场带来了"互联网＋产业化升级"新模式，该模式最大的特点就是让企业能够实现紧密的联系，每个企业都能真正成为市场中的主体，达到市场资源共享的目的，从而降低企业在市场交易中的成本，提高传统产业在生产全过程中的效能，让信息化和工业化成为市场发展中的主导，最终达到推动传统产业升级的目的。在此期间，产业传统资源能够形成有效整合，让产品设计、研发、生产、推广、服务过程中所必需的条件迈向信息化和自动化，确保企业产品生产与服务的效率达到最大化，实现有效的企业成本控制，让企业发展的保障条件得到全面深化，同时使企业发展的命脉得以不断延续。

（二）新技术、新设备、新系统的全面融合

从数字经济的特点出发，其最为显著的特征就是技术层面得到了全方位创新，设备上全面升级换代，诸多信息系统实现了全面融合，让产业设计研发、生产制造、加工升级、推广与服务的渠道和方法得到颠覆性改变。具体而言，传统产业模式在产品设计与研发、生产制造、营销推广等环节中，普遍通过"智慧＋双手"的方式来进行，人力资源和传统设备应用极为普遍。而在数字经济时代背景之下，数字产业则是依靠"智慧"，强调新技术、新设备、新系统的全面融合，用智慧去解放双手，最终创造出产业发展最美好的未来。这显然是我国数字产业飞速发展的必经之路，更是我国经济发展的核心动力所在。

（三）大数据实现了传统产业的升级改造

大数据技术是数字时代的核心技术，具有技术支撑的作用和价值，因此在数字经济发展过程中，数字产业转型与升级往往都是以大数据技术作为基础，强调资源平台的全面构建与使用，确保产业之间各生产要素始终保持紧密联系，提高生产、销售、服务的技术含量。这显然与传统产业的产品生产、销售、服务环节存在明显不同。运用数据与智慧解放双手已经成为现实，生产环节的高度智能化、销售与服务环节的便捷化已成为最明显的特征，所以传统产业发展模式更具有"智慧性"特征，是产业升级改造最为直接的说明，促进了产业发展过程中效能的进一步释放。

三、数字技术的价值进一步释放

从时代发展角度来看，数字经济的产生是时代发展的必然结果，并且伴随时代的发展，数字经济发展速度会不断加快，我国数字产业发展的步伐也会与之同步。对此，数字技术进一步释放价值显然成为数字经济下数字产业发展所要面对的新要求，具体原因如下。

（一）以数据为关键的数字经济已成为我国经济发展新形态

从时代发展的角度来说，最宝贵的资源并非物质层面上的，而是非物质层面的数据资源。就当前我国经济发展的总体态势来看，数据爆发式增长已是不争的事实，而且有着海量聚集的特点，有效利用数据显然是促进我国社会经济发展的绝佳途径。对此，大数据技术在我国各产业已经得到了高度运用，并且助力我国各产业走向转型升级之路，形成了数字经济发展新形态。著者在本章前两节的观点论述，已经充分表明我国数字经济当前发展所取得的成果较为理想，数字产业发展步伐也正在不断加快，不仅让我国经济发展新形态顺利形成，更有着极大的发展空间，数字技术所释放的价值正在不断增加，这也为我国数字经济背景下数字产业发展提供了极为理想的条件。

（二）大数据技术已经得到顶层设计提供的方向引导

就当前我国现代信息技术发展的总体现状来看，5G作为推动经济高质量发展的重要力量，必将为数字经济发展速度的进一步加快提供强大的推动力。在此期间，人工智能、工业互联网等新技术也成为我国数字经济发展的主要载体，数字产业结构的转型升级方向愈发明确，其速度必然会进一步提升。大数据技术所发挥出的作用有目共睹，新一轮"数据爆炸"的局面终将会来临，数字经济未来发展的空间不可估量。这也正是我国数字经济发展进程中，向数字产业发展提出数字技术进一步释放价值新要求的又一主要原因。

（三）大数据技术不断获得巨大突破

从当前我国大数据技术研究及各领域的应用效果来看，技术全面升级已经能够解决大数据技术应用过程中存在的部分问题，能够满足我国产业发展的切实需求。具体表现在两方面：一是数据之间的联通更为密切，二是技术创新的成果更为凸显。就前者而言，已经实现了数据的全面开放，并且加强了数据的标准化建设，让数据质量、数据格式、信息接口更加趋于标准化。就后者而言，已经实现了大数据技术与企业实体之间的相互结合，特别是在生产制造业企业实践应用中，做到了基础理论与核心技术的全面深化，形成了一套安全可靠的大数据技术体系。

四、中小企业进一步完成数字化转型

中小企业是我国经济发展的重要力量，数字经济发展步伐的不断加快显然为中小企业发展带来了前所未有的新机遇。对此，中小企业进一步完成数字化转型也成为加快我国数字产业发展步伐的一项新要求。下面著者就立足这一新要求，对其具体原因加以解释和说明。

（一）数字化转型：中小企业开源节流的必然之选

节省开支虽然是中小企业生存发展必须坚持的原则，但绝不是企业做大、做强最为关键的核心条件，开源节流则是最为有效的选择。其中，"开源"意味企业要有新的源头供给，"节流"意味企业必须要有科学的成本控制，二者相结合才能成就企业未来的发展。数字化转型无疑为中小企业的生存提供了开源节流新渠道。其中，中小企业可以通过 SaaS、PaaS、集成自动化等形式实现运营数字化与业务流程自动化，补齐企业在技术层面上的短板，这样不仅能拓宽企业的经营之路，还能降低企业的经营成本，真正实现既"开源"又"节流"。这也正是我国数字产业发展进程中，提出中小企业进一步完成数字化转型新要求的首要原因。

（二）数字化转型：中小企业增效降本的新出路

众所周知，企业在市场中都要经历从无到有、从小到大、从弱到强的发展过程，而真正能够完成这一过程的企业往往都是因为抓住了时代新机遇，让企业发展在拥有极大上升空间的同时，真正做到了增效降本，最终使企业能够可持续发展，并迈向又好又快的发展新阶段。数字经济时代的到来显然为中小企业发展提供了时代新机遇，数字技术能够实现生产的自动化，更能促进产品设计、研发、推广的智能化，不仅能够确保中小企业产品质量不降反增，还能帮助其有效降低产品设计、研发、生产、推广的成本。这也是我国数字产业发展进程中，提出中小企业进一步完成数字化转型新要求的基本原因之一。

（三）数字化转型：中小企业提高市场竞争力的绝佳途径

中小企业无论是在企业规模、经营模式方面还是在技术资源、营销渠道方面，显然与大型企业存在一定的差距，企业市场影响力也无法与之匹敌，因此中小企业所要面对的市场竞争压力巨大。在数字经济飞速发展的背景下，运用数字技术全面扩大企业技术资源、推广营销渠道、形成新的企业经营模式自然是最为理想的途径。数字技术在我国当前各领域中的应用已经实现成熟化，技术投资显然能够被广大中小企业接受，将其加以全面引进必然会在无形中改变中小企业经营模式和经营方向，其产品质量和社会传播的广泛性也会随之提高，与大型企业之间的竞争差距势必会不断缩小。这也正是我国数字产业发展进程中，提出中小企业进一步完成数字化转型新要求的又一具体原因。

通过著者在本章节中所阐述的观点，可以看出我国当前数字经济发展的大环境极为理想，并且数字产业发展的强劲势头更是前所未有，为我国中小企业实现又好又快发展的最终目标带来了新的机遇。浙江省作为我国数字经济大省，数字产业发展速度更是处于国内前列，这也能够说明其高层次数字产业人才需求量不断增大。著者在下一章节将对该观点加以充分论证。

第三章　数字经济下的浙江省数字产业发展

　　数字经济是我国在新时代社会经济发展的必经之路，也是全面建设新时代中国特色社会主义道路中，社会经济实现现代化的必由之路。在新时代、新背景、新形势下，浙江省数字产业保持又好又快的发展显然是基本要求所在，其间明确浙江省数字产业结构水平，深入分析浙江省数字产业人才培养以及浙江省数字产业人才配置的现实状况自然能够得出数字产业保持又好又快发展势头的原因。接下来著者就通过一张图片，对数字经济下的浙江省数字产业发展的具体情况加以直观体现。

　　如图 3-1 所示，在数字经济飞速发展的今天，浙江省的数字产业实现了全面发展，并且在人才培养与配置方面也取得了骄人的成果，这显然让浙江省数字产业未来发展拥有了较为坚实的基础。故此著者在本章各节的论述中，对以上三部分做出深入分析，对各个观点做出深入的阐述。

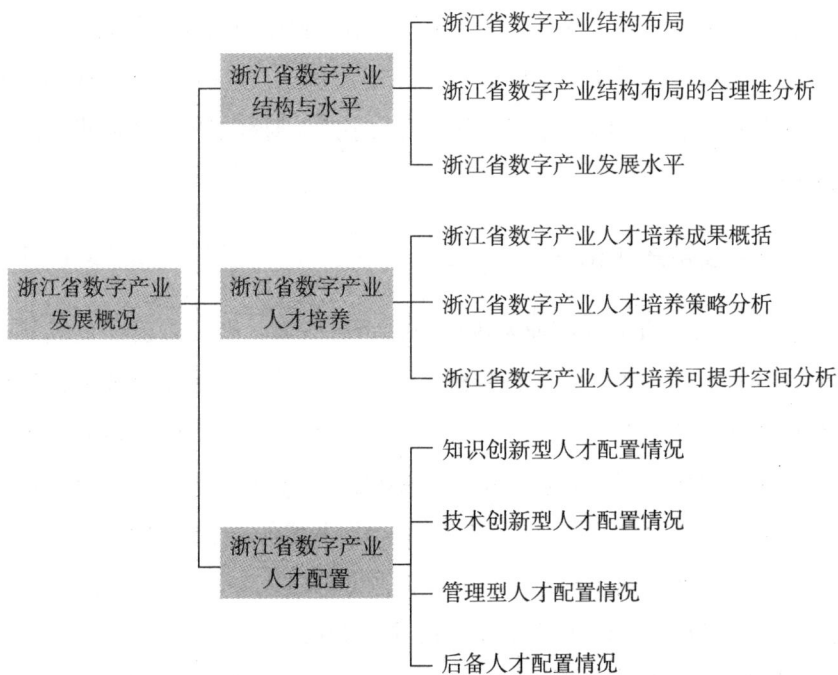

图 3-1　浙江省数字产业发展概况宏观介绍

第一节　浙江省数字产业结构与水平

产业结构布局主要是指多种因素综合影响之下的产业发展结果，综合影响结果趋于理想化会促进产业结构布局更加趋于理想化，反之则不然。数字产业结构布局同样如此，它会直接影响产业经济发展的进程。为此，在了解浙江省数字产业发展状况的过程中，首先要对浙江省数字产业结构布局的合理性及其所处的具体水平有客观的认识，方可客观评价并判断当前和未来浙江省数字产业经济发展情况。

一、浙江省数字产业结构布局

数字产业结构布局是否合理直接影响数字经济发展的当下与未来，

更能表明数字经济未来发展的潜力如何。浙江省作为我国华东地区数字经济发展速度较快的区域，其数字产业结构布局的合理性自是不言而喻，未来发展空间也十分广阔，能够充分证明数字产业对高层次人才需求的迫切性极高。

（一）数字产业化

从当前浙江省数字产业发展的总体情况来看，浙江省已经建成具有国际性的汽车芯片生产线，具备极强的 12 英寸汽车芯片生产能力；建成环杭州湾集成电路生产基地，一定程度上满足了我国集成电路的切实需求，并实现集成电路营业收入超过 1 800 亿元人民币的高目标；已经打造出工业软件生产联盟，实现工业软件生产企业强强联合，同时促进了与之相关的微小企业快速发展，让工业软件业务净收入突破 9 300 亿元人民币大关不再遥不可及，同比增长达到 15 个百分点。

还要特别关注的是，浙江省在数字安防产业发展方面也取得了一系列进步成果，链条式发展成了现实，数字安防产业集群已经初具规模，让杭州市向"成为中国硅谷"这一远大目标更为接近。数字安防产业主要涉及网络信息安全、信息技术的应用创新产业、超高清视频、第三代半导体、空天一体、新材料开发等多个子产业。

（二）产业数字化

产业数字化发展是浙江省数字产业发展的重要一环，是实现信息技术与生产制造业深度融合的一项重要举措，也是浙江省数字经济实现"一路飙升"的重要保证。就当前而言，浙江省政府已经出台了一系列加快企业数字化转型的政策与建议，在政策实施层面也予以大力支持，最为显著的一项举措就是全面加强浙江省数字产业集群新智造试点的建设，要建设 8 家"数字化工厂"、15 家"未来工厂"、150 家"智能工厂"，进而为实现浙江省产业数字化发展目标发挥出强有力的带动作用。

（三）数字化变革大变样

从当前浙江省数字产业基本结构组成情况出发，不难发现，其基本架构已经成型，甚至已经走向了成熟。

其中，在产业数字化方面，生产制造业、轻工业、零部件加工业等都已经迈向了数字化转型之路，并且很多企业已经完成了数字化转型，在一定程度上提高了企业生产的效能，实现了以最科学的方式进行有效成本控制。

在数字产业化方面，人工智能、移动支付、跨境电商等领域已经得到了蓬勃发展，数字平台建设已经处于全国前列，为企业营销与服务提供了强有力的数字支撑，让数字技术成为加快产业发展的重要技术支撑。

在数字化治理方面，浙江省全面加强了数字化基础设施建设，突出数据供给和组件支撑的保障。另外，行业之间能够通过数字信息平台实现密切的交流与互动，全面加大数字政府的构建力度，制定出极具引导力和规范性的管理体系和实施措施，推动浙江省数字产业始终行驶在数字经济高质量发展的快车道上，最终让浙江省领跑我国数字经济发展成为现实。

二、浙江省数字产业结构布局的合理性分析

从当前浙江省数字产业结构布局情况出发，可以看出产业数字化、数字产业化、数字化治理结构已经全面形成，能够对浙江省数字产业发展起到至关重要的推动作用，其布局的合理性更是显而易见，但是对其合理性还需要做出具体说明。为此，著者在接下来的内容中，将对其具体的合理之处加以明确阐述。

（一）生产基地建设方面

2021年底，浙江省经济和信息化厅公布了一组数据，向全社会发布了"浙江省未来工厂"认证名单，其中12家企业在2020年就已经获得"未

来工厂"资格认证，同时公布了 16 家获得"未来工厂"培育资格的企业，对浙江省数字产业化和产业数字化发展起到了强有力的推动作用。

从政策层面出发，当前浙江省已经出台《浙江省培育建设"未来工厂"试行方案》，明确指出所谓的"未来工厂"是指依托大数据技术、物联网技术、区块链技术、人工智能技术、工业互联网技术，实现数字化设计、智能化生产、智慧化管理、协同化制造、绿色化制造、安全化管控和社会经济效益大幅提升的现代化工厂，以此满足未来社会人们关于产品和服务的切实需要。

再从浙江省关于"未来工厂"建设与发展的规划角度出发，早在 2020 年，浙江省已经制订了相关计划，要在之后的每一年探索培育建设 10 家左右"未来工厂"，保证浙江省制造业能够以极快的速度迈向智能化发展道路。

截至 2021 年底，浙江省已经建成省级数字车间智能工厂超过 250 家，同时有超过 40 万家企业成为"云企业"，数字赋能成果极为突出；与此同时，还有六成以上的装备制造企业实现了装备数控化，工业设备网的全省占有率超过四成，产业数字化更是在全国首屈一指，这无疑让浙江省全面走向工业 4.0 拥有了极为坚实的基础。

（二）软件产业联盟建设方面

2017 年，党的十九大报告明确提出中国未来经济发展要注重关键性技术的研发，以前沿技术为引领，加强现代化工程技术的发展，不断创新颠覆性技术，确保新时代的中国能够真正成为科技强国、质量强国、数字中国，让智能社会建设与发展成为中国新时代建设与发展的主旋律。

同年，中国第一个网信领域软件开发与产业联盟在天津正式开工建设，这也开启了我国经济发展"换道超车"的新时代，技术层面的创新成为促进我国未来经济发展的主要抓手，更是我国经济发展的重要支点。

在该时代背景正式形成之际，浙江省开始大力开展信息技术创新工作。随着时代的推移，越来越多的企业实现了人工智能与传统生产制造工艺的融合，大数据技术，云计算，物联网，移动网络与企业产品设计、研发、生产、推广、服务相结合，不仅能够科学控制企业生产成本，全面提升企业生产效率，更能使产品从设计研发到推广、服务实现高度绿色环保，让浙江省真正实现"双碳"目标，并始终保持可持续和又好又快的发展态势。

最近几年，浙江省在数字产业建设与发展过程中，更加注重人才的基础性建设，强调在技术创新、产品创新的过程中，全面摆脱跟踪仿制实现自主创造最为关键的一环就是加强高层次人才的全面培养，形成一套技术创新、知识创新、产品创新的顶级方案。其间，大力开展产学研联盟机构的建设，让浙江省数字产业发展能够拥有充足的可用性人才。

（三）数字安防产业集群建设方面

数字安防产业作为数字产业中的重要组成部分，被普遍视为全国数字经济产业集群建设中数字产业的基本组成，浙江省更是在数字产业发展过程中，对其优势进行深度挖掘，将其确立为未来数字产业发展的核心方向，且当前已取得了辉煌的发展成就。下面就从政策支持和发展目标两方面进行充分说明。

1. 政策支持力度极大

浙江省经济发展始终以国家经济发展战略方向为主导，以时代发展的背景为重要依托，将创新思维融入经济发展路径之中，从而走出了一条具有特色的经济发展之路。在此期间，浙江省以数字安防产业为新视角，突出数字安防产业在数字产业发展过程中的优势，省委省政府更是予以高度支持，并给予充分的政策保障，具体表现在人才资源培养和资金、技术、资源扶持两方面。

在人才资源培养方面，浙江省在 2020 年出台了《浙江省实施制造业产业基础再造和产业链提升工程行动方案（2020—2025 年）》，明确指出在高质量数字产业人才培养方面的具体实施目标，并且就谁来培养人才、培养怎样的人才、怎样培养人才的问题予以深层次解释，确保人才培养的侧重点能够落在数字安防产业上，力求浙江省数字产业人才培养既能体现出高质量特征，又有所侧重。

在资金、技术、资源扶持方面，同样是在 2020 年，浙江省出台了《浙江省十大标志性产业链提升方案》，明确指出要在未来几年将其打造为千亿级数字产业，形成一个完整的数字产业集群，并建成极度完善的数字安防产业链，对其的资金扶持力度、技术扶持力度、资源保障力度前所未有，满足了浙江省数字产业又好又快发展的现实需要。

2. 世界领先的目标极为明确

当前，浙江省数字安防产业发展的优势已经得到了初步体现，可以预见其未来发展有着非常广阔的发展前景。凭借当前已经取得的发展成果，浙江省已经实现了全国领跑、世界领先的目标，充分彰显数字安防产业在国内与国际数字产业发展中的优势。根据浙江省政府发布的一组数据，2020 年浙江省在该数字产业发展过程中，已经实现营业收入超过 2 500 亿元人民币的目标，与 2019 年相比增长幅度为近 19 个百分点，从事该产业的企业已经超过 460 家，年营业额超过百亿元的企业就已经多达 4 家，年营业额超过 50 亿元的企业有 5 家，在全国夺得该领域单项冠军的企业更是有 11 家，全省已经有超过 400 项专利获得国家认证，在全国各个省份中排名第一。

具体而言，浙江省数字安防产业发展以杭州市为中心，向宁波、嘉兴、温州等地辐射开来，呈现出协同发展的总体布局。其涉及的领域有数字传感器、中央控制设备、芯片、智能算法等，这显然也对浙江省人工智能、虚拟现实等技术的全面发展起到了强有力的推动作用，并让浙江省在 2025 年实现数字安防产业值突破 4 000 亿元大关拥有了极为有力的保证。

三、浙江省数字产业发展水平

通过上文针对浙江省数字产业的合理性分析结果，可以看出浙江省数字产业结构布局已经趋于理想化，所以其数字产业规模在全国范围内名列前茅，这也客观反映出浙江省数字产业发展水平，具体如图 3-2 所示。

图 3-2 浙江省数字产业发展水平概括

浙江省在最近两三年中，数字产业结构发展较为均衡，能够把握其优势，进而使数字经济发展始终保持又好又快的态势。由于图片承载的信息量有限，下面将对图片中所概括出的三点进行逐一阐述。

（一）精准把握浙江省数字化变革新视角

就当前浙江省数字产业发展所取得的成果来看，无论是在产业数字化层面，还是在数字产业化和数字化治理层面，都体现出三个极为明显的特征。

1. 一体化特征明显

浙江省政府在全省范围内，对数字产业发展大形势进行全面普及，确保省、市、县、乡之间保持相互协同的发展态势，实现纵向发展。在此期间，网络、平台、数据、场景四要素实现统一规划，并做到实施过程的相互协同，由此确保各企业能够保持相互协同，行业发展的步调保持高度一致，战略思想高度统一，最终确保浙江省数字产业转型升级的步伐不断加快，助力浙江省数字经济又好又快发展。

2. 全方位发展特征显著

浙江省在当前数字产业发展全过程中，力争使各个环节的每一个细节都做到发展与治理相结合，让改革的目标全面实现，并且实现效果的最大化。其间，在产业数字化和数字产业化发展过程中，强调学科知识创新与核心技术攻关相结合，同时要有科学的治理作为重要保证，让浙江省数字产业转型升级始终体现在"质"的层面，而并非"量"的层面，力求数字产业发展竞争之源不断增加，动力之源不断扩充。

3. 主抓制度重塑的过程与效果

在浙江省数字经济飞速发展的今天，成果的取得并非偶然，不仅需要在战略层面做出全面调整，更需要在管理层面不断进行深化改革，其中相关制度的制定与出台无疑对此起到了强有力的推动作用。在此期间，政府各级部门不断进行调研，针对行业数字化转型升级过程中的实际困难，有针对性地做出政策层面的调整，为其提供人力、物力、财力方面的大力支持，同时建立多向沟通机制，力求政府与行业之间、政府与企业之间、政府与产业之间能够进行深度交流，进而形成合作共赢、创新发展的局面，真正用数字赋能的方法全面提高产业效能，全面提高浙江省数字产业发展水平和数字经济发展高度。

纵观以上特点，可以看出浙江省数字产业发展过程中，"协同"与"共赢"的总体思路极为清晰，最终促成了当今浙江省数字产业飞速发展局面的形成。未来"数字城市"和"智慧城市"的建设必将呈现出理想化的效果，进一步加快浙江省数字经济又好又快发展的脚步。

（二）进一步增加专精特新"小巨人"企业

从当前浙江省数字产业发展的现实情况出发，其所取得的成就可用"辉煌"二字来形容，其发展完全不是稳中有升，而是实现了跨越式大发展。具体而言，在2021年，浙江省制定了三个数字产业发展预期目标。

1. 工业增加值要进一步提高

工业数字化发展作为数字产业发展的关键力量，是全面加快浙江省数字产业发展进程的重要举措，更是全面增加专精特新"小巨人"企业的重要着力点之一。对此，浙江省政府在未来数字产业发展目标制定中，明确指出工业增加值要提升6个百分点，充分彰显出数字经济极为强劲的发展动力。

2. 数字经济核心产业增加值的增长幅度进一步加大

数字经济核心产业作为我国数字经济发展的命脉所在，是我国未来经济始终保持又好又快发展的关键力量。对此，浙江省在探索数字经济飞速发展的过程中，高度意识到数字经济核心产业在本省未来数字经济发展中的重要性，所以制定了数字经济核心产业增加值增长突破12个百分点的新目标，力求增长值达到9 000亿元大关，让超过25家企业的营业收入能够突破百亿元大关。

3. 数字产业发展的着力点进一步明确

浙江省在探索数字产业又好又快发展的过程中，明确项目建设的重点不仅要立足当前数字经济发展需要，更要做到高度面向未来。对此，在数字产业发展目标的制定中，将未来工厂、产业数据仓、产业大脑等项目建设作为基本目标，让专精特新"小巨人"企业建设拥有更为准确的方向，力保数字产业发展始终能够保持又好又快的态势。

（三）数字经济"一号工程"的升级版成为现实

浙江省在全面打造数字经济"一号工程"升级版的过程中，明确指出了要将已经实现转型的智能制造企业作为样本，不断促进传统产业数字化转型与升级，进一步加快企业"上云"和"用云"的脚步，力求全省范围内的企业能够将数字化、信息化、网络化、智能化作为发展的基本追求，同时更要作为产品生产的主要流程，进而既达到全面提高产品生产的质量与速度的目的，又确保产品的成本控制达到高度的科学化，让企业数字化转型不仅体现在应用层面，更体现在创新层面。在此过程中，应重点关注汽车业、机械制造业、零部件加工业等领域的数字车间建设与使用，以及生物化工、材料生产企业的智能工厂构建运行，全面加快浙江省制造业数字化转型与升级的步伐。

浙江省面对当今的数字产业发展大环境，已经开始关注数字企业梯形队伍的全面建设，强调数字化产业要保持阶梯式结构，从而确保数字产业转型升级的可持续性。例如，浙江省以科大讯飞和浙江大学校办企业为梯队最高层，以本地数字经济骨干企业为中间层，以成功完成数字化转型的中小型企业为基础层，建立起结构完整的数字产业企业梯队，在增加上市企业带动作用的同时，确保后备力量能够培育成为浙江省数字产业发展的中坚力量，让数字产业创新资源要素的流动性得到全面提升，形成一套较为完整的数字产业协作机制，推动浙江省数字产业园的全面扩大与升级，达到大幅度提高浙江省区域内数字经济产业布局合理性的最终目的。

除此之外，浙江省各团体针对数字产业发展提出了明确的要求。中国国民党革命委员会（简称"民革"）杭州市委员会提出要以"智能亚运"为目标，打造出杭州市数字产业发展的国际品牌，让数字产品成为全面推动杭州市亚运开展的有力抓手，确保数据分析技术、动作捕捉技术、智能传感器技术、惯性测量技术、可穿戴设备、健康监测技术、虚拟现实技术等更好地服务赛场，同时向世界呈现浙江省在智慧社会创建过程中取得的成果，彰显浙江省数字经济发展水平。

中国民主同盟（简称"民盟"）杭州市委员会则提出要依托大数据技术、5G基础设施、工业云、信息安全等技术，全面加大与长三角数字经济集群之间的紧密交流，从而在实现协同发展的同时，与长三角其他地区形成品牌效应，加快浙江省数字产业转型升级的步伐，促进浙江省数字经济能够实现又好又快的发展。

中国民主建国会（简称"民建"）杭州市委员会则指出，当前浙江省已经全面进入数字经济自主创新发展新阶段，杭州市两大国家级示范区建设更是将数字产业发展推向新高度，数字经济发展步伐明显加快。其中，人才、金融、科技、政策聚集程度已经取得了明显提升，未来发展依然有极为广阔的前景，必然会成为长三角数字经济集群的核心区域。

中国民主促进会（简称"民进"）杭州市委员会则针对浙江省数字经济发展水平给出了又一客观评价，明确指出浙江省已经在芯片产业上加大投资力度，分别与北京和贵阳市政府积极合作，开发5G芯片研发与生产技术，并与国外企业展开积极合作，让5G芯片企业扎根于浙江省，使其真正成为我国5G产业最具竞争实力和全球最具影响力的地区。

中国农工民主党（简称"农工党"）杭州市委员会则针对浙江省数字产业发展提出了具体的看法，有关领导明确指出杭州市在数字产业发展过程中，在医疗领域强调"大数据＋人工智能"新方案，已经得到了全面落实，凸显网络资源收集、处理、分析、挖掘方面的优势，让先进算法、数据建设、知识处理方案能够更好地服务城市基础设施建设与发展，真正让民生问题以最高效的形式、最智慧的方法、最人性化的方案得到有效解决，全面提升了数字城市和智慧城市的建设质量。

中国致公党杭州市委员会有关领导则针对浙江省数字产业发展做出了进一步的评价，使浙江省数字产业发展取得的成果进一步彰显。其中，明确指出了浙江省汽车生产行业实现了数字化转型，并且在组织管理、技术攻关层面取得了长足的发展，突出了数字技术在产业发展中的推动作用，企业转型升级的效果已经得到了明确体现，成为浙江省数字经济发展道路上又一具有特色的名片。

杭州市工商业联合会有关领导立足浙江省数字产业发展的现实情况，从供给层面对数字产业发展成果进行了深入分析，明确指出在最近几年的浙江省数字产业发展过程中，产业数字化、数字产业化、数字化治理已经提升到了新高度，各行业的数字化转型进程正在不断加快，不仅提高了行业产品生产的效率，更让科技与环保实现兼容，全面提升了产业发展新高度，也使产品成本得到了最科学的控制，这无疑是浙江省数字产业发展取得的最伟大的成就，更是向我国数字经济发展提交的一份满分答卷。

杭州市政协科技界有关负责人更是针对浙江省数字产业发展所取得的成果给出了最直观的评价，主要对浙江省芯片产业生产线建设、集成电路产业发展、数字化服务产业建设的具体情况进行了全面介绍。浙江省在数字产业发展过程中，从短板与弱项的产生到补强，其间经历了风风雨雨，最终取得了令世界瞩目的成绩。无论是在集成电路产业园的建设方面，还是芯片生产线大规模建设方面，都在不断探索技术创新、数字制胜的发展新思路，并在实践中不断强化知识创新、技术突破、管理创新，最终形成了浙江省数字产业又好又快发展的新局面，全面推动了浙江省数字经济快速发展，提升了发展高度。

例如，在最近几年中，浙江省以数字化改革为引领，深入实施数字经济"一号工程"，全力建设国家数字经济创新发展试验区，数字经济发展势强行稳，已成为推动全省经济高质量发展的硬核支撑，具体主要体现在以下方面。

一是发展势头好，综合实力全国领先。2021 年，全省数字经济增加值达 3.57 万亿元，居全国第四，占 GDP 比重达到 48.6%，位居全国省区第一；规模总量 5 年翻番，年均增速达 15.7%，明显高于同期地区生产总值年均增速。

二是科技创新强，发展潜力值得憧憬。5 年来，数字经济领域有效发明专利增长 2.5 倍，数字经济核心产业研发投入强度是全社会 R&D 经费投入强度的 2.5 倍以上，城西科创大走廊成为全省创新策源地，之江实验室被纳入国家实验室体系，已取得 138 项进口替代成果，数字经济人才净流入率全国第一。

三是产业结构优，数字产业高速增长。5 年来，全省数字经济核心产业软硬结构更趋优化，电子信息制造业规模居全国第三，软件产业营收利润率全国第一；在数字产业双轮驱动下，2021 年，数字经济核心产业增加值总量首次突破 8 000 亿元，5 年年均增长 13.3%，两倍于 GDP 年均增速。

四是转型升级快，融合发展成效突出。产业数字化指数连续 3 年居全国第一，累计培育省级工业互联网平台 285 家、"未来工厂" 32 家、"上云" 企业 47 万家；网络零售总额稳居全国第二，跨境电商综试区实现省域全覆盖；县域数字农业和农村发展总体水平连续 3 年位居全国第一。

五是改革突破实，数字治理领跑全国。"平台＋大脑" "改革＋应用" 等建设全面推动治理能力现代化；"一图一码一指数" "政采云" 等标志性成果走出浙江、走向全国；"互联网＋监管"、公共数据应用水平全国第一，未来社区、未来乡村展现共富先行浙江 "味"。

通过本节的观点论述，不难发现当前浙江省数字产业整体布局完整性较高，能够体现出布局合理的基本特点，同时还能充分彰显出数字产业结构布局的特色，为浙江省数字经济发展提供了至关重要的动力。除此之外，在数字产业结构的整体水平上，浙江省已经做到位居全国前列，这无疑对浙江省数字产业高质量人才培养提出了更高的要求，"高层次" 也由此成为浙江省未来数字产业发展的决定性因素。但是，人才培养的要求能否达到，关键要明确人才培养的总体状况和人才配置的总体情况，由此才能确保浙江省数字产业高层次人才培养的整体方向，以及人才结构高度科学准确，这也是著者接下来主要研究与阐述的内容。

第二节　浙江省数字产业人才培养

人才是产业发展的重要支撑，是产业发展的强大动力。随着我国数字经济发展步伐的不断加快，数字产业人才需求量随之不断增加，人才培养力度也得到了显著提升，人才培养成果显著，但依然存在较大的提升空间。图 3-3 说明了当前浙江省数字产业人才培养战略构成。

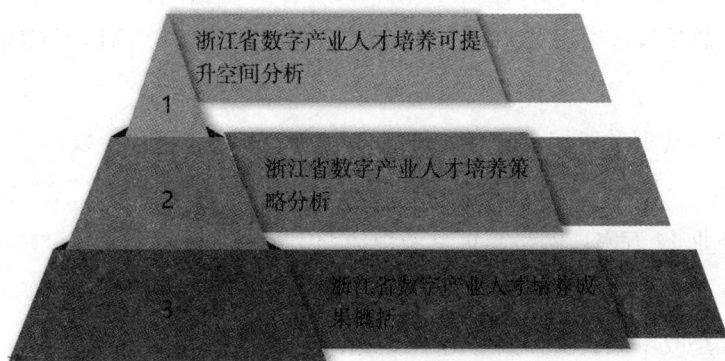

浙江省数字产业人才培养可提升空间分析

1

浙江省数字产业人才培养策略分析

2

浙江省数字产业人才培养成果概括

3

图 3-3　浙江省数字产业人才培养战略构成

当前浙江省数字产业人才培养所取得的成果较为明显，但是仍然有进一步优化和完善的空间，下面就立足浙江省数字产业人才培养总体成效加以具体分析。

一、浙江省数字产业人才培养成果概括

浙江省数字产业转型升级速度之所以如此之快，其根本原因在于全

面加大了人才队伍培养力度，无论是在人才培养的模式上，还是在政策环境的营造上，都进行了明确的改革，人才培养的成果极为显著，能够为浙江省数字产业发展提供强有力的人才支撑。

（一）人才类型的丰富性显著增强

从目前浙江省数字产业转型升级过程中所具备的主要人才类型来看，在产品设计、研发、生产、推广、服务各个流程中，显然都有胜任力极强的人才作为支撑。产品设计阶段企业具备创新型人才，产品研发与生产阶段企业具有技术型人才，产品推广阶段有组织型人才，产品服务阶段有服务型人才，每个阶段又有管理型人才进行有效把控，所以能够基本满足当前浙江省数字产业发展的人才需要。这与传统经济时代产业发展相比有了明显的改变，人才类型突破了只注重管理型和技术型人才的引进与培养的局限，人才类型的丰富性显著增强，这是浙江省数字产业人才培养取得的巨大成果。

（二）人才能力与素质得到普遍提升

从当前浙江省数字产业人才培养模式出发，最为明显的现象就是"数字产业＋教育"模式已经开始全面兴起，成功完成数字化转型的企业正在与高校建立合作关系，初步按照数字产业发展的切实需求进行定向人才培养，更加强调人才能力与素质方面的提升。具体而言，就是根据人才所学专业，进行技术层面、管理层面、理论研究层面的能力培养，全面深化人才的责任意识、价值观念，使其能够适应未来数字经济发展道路，助力企业更好地完成数字化升级。这显然是浙江省数字产业人才培养所取得的一项重要成果，为浙江省全面加快转型后的升级速度提供了人才支撑。

（三）人才培养的可持续性得到全面增强

通过分析数字经济时代对数字产业发展提出的新要求不难发现，产品的创新显然是核心所在。其中，不仅要求在产品设计理念上要保持高度创新，还要在技术层面、功能层面、实用性层面创新，确保企业能够始终在数字经济背景下站稳脚跟，赢得更为广阔的目标市场，因此真正具有创新性的人才就成为核心。然而，各个维度的创新都需要通过研究和实践不断积累经验，因此数字产业与高等院校相结合的人才培养模式得到了高度认可，这也充分证明只要我国处于数字经济时代洪流之中，与之相适应的人才培养步伐就不能停，所以该产业人才培养的可持续性得到了全面增强，这也是浙江省数字产业人才培养的又一成果体现。

二、浙江省数字产业人才培养策略分析

面对数字经济飞速发展的时代新形势，浙江省在全国范围内无疑起到了强大的带动作用。在数字产业发展速度不断加快的同时，浙江省更加注重人才培养。其策略具有一定的创新性，能够满足当前浙江省数字产业发展的人才需求，下面就立足浙江省数字产业人才培养理念、模式、质量评价三方面，对其策略做出具体概述。

（一）浙江省数字产业人才培养理念

毋庸置疑，人才培养理念是否先进决定了人才培养质量的高低，先进的人才培养理念往往以满足社会需求为宗旨，以人才为中心实施各项人才培养活动，确保人才能够真正掌握与时代发展需求相一致的知识、技能、素质，从而使其真正成为高质量人才。结合当前浙江省数字经济发展的总体态势，各项专业能力突出、综合素质过硬的人才显然是当前数字产业发展所必需的人才，所以浙江省在数字人才培养理念上，已经确立促进学生知识、能力、素质全面发展的人才培养理念，确保高校人才进入数字

产业后能够适应并实现可持续发展。

（二）浙江省数字产业人才培养模式

就目前浙江省数字产业人才培养模式的一般特点来看，"校企合作"已经落地，高校与企业之间已经形成了相互配合。在具体操作过程中，企业能够做到走进学校，与学校形成合力，为高质量人才的培养共同努力。具体表现为企业指派专门人员深入学校，共同参与课程设置、教材研发、实训指导工作，在人才培养质量评价方面也能作为重要的评价主体参与评价。除此之外，企业还在高校师资队伍建设方面发挥了专业培训的作用，力求高校教师队伍不仅可以具备极强的专业教学能力，还能具备指导学生开展校内实训活动的能力，让高校学生无论是在专业理论的提升上，还是在实践操作技能的强化上，都能拥有较为广阔的平台。

（三）浙江省数字产业人才培养质量评价

当前浙江省数字产业鉴定人才培养质量的方法主要是总结性评价。所谓"总结性评价"，顾名思义，就是在人才培养全过程临近尾声之时，针对学生各项知识、技能、素质做出系统性评价，其结果可以反映出人才培养的总体效果。具体操作主要体现在两方面：一是企业委派富有管理经验的专业人员进入学校，共同参与人才质量评价；二是学校根据人才培养要求明确质量评价的目标与内容，与企业共同完成质量评价全过程。在此期间，企业富有管理经验的专业人员要根据数字产业人才需求标准，以及企业关于人才的具体需求情况，制定出相应的评价内容，最终采用定性和定量评价两种方法，对人才培养质量做出相关评价。

三、浙江省数字产业人才培养可提升空间分析

就当前而言，浙江省面对数字经济飞速发展的客观形势，在人才培养方面已经结出累累硕果，人才培养策略更加注重贴近数字产业转型升级

的现实需要，让人才真正成为数字经济发展的主宰。与此同时，面对浙江省数字经济发展步伐的不断加快，数字产业人才培养依然有较大的可提升空间，能够更好地助力浙江省数字产业发展步伐的进一步加快。可提升空间具体表现如下。

（一）高瞻远瞩：立足时代未来发展需要进一步优化浙江省数字产业人才培养理念

虽然当前浙江省数字产业人才培养的理念能够适应当下数字经济发展的要求，但结合浙江省数字经济发展的走势，未来高层次人才需求将会不断增加，因此人才培养理念还要做出进一步更新，这也是未来浙江省数字产业人才培养具有可提升空间的表现之一。具体而言，人才培养理念要以实现人才的全面发展为最终目标，强调人才对浙江省数字产业发展的岗位胜任力，突出人才知识、技能、素养培育的综合性，确保人才既具备学科知识研究能力，同时具备技术创新能力与组织协调能力，真正成为未来浙江省数字产业发展所迫切需要的高层次人才，进而提高浙江省数字经济发展道路上的人才总体质量。

（二）多维度：进一步丰富浙江省数字产业人才培养的参与主体

"校企合作"是当今人才培养领域内普遍采用的一种人才培养模式，但随着时代的发展，该人才培养模式也在不断创新，但归根结底，"校企合作"是基础，一切创新都要在此基础上进行。虽然浙江省数字产业人才培养根据其实际发展需要走"校企合作"人才培养之路，使人才与产业发展相对接，可是随着浙江省数字产业转型升级步伐的不断加快，对人才的知识、技能、素养的要求愈发全面，所以政府、企业、科研机构、行业主管部门要共同承担起人才培养模式的主体责任，以此来促进浙江省数字产业人才知识与技能、能力与素质的同步提升，而这也正是未来浙江省数字产业人才培养具有可提升空间的又一表现。

（三）新方式：浙江省数字产业人才培养质量评价要面向"过程性"

质量评价的最终目的就是确保其最终质量能够达到甚至远远超出预期。要实现这一目标，显然要在各个阶段有效开展质量评价活动，真正做到及时发现情况并做出最科学、最有效的处理，确保评价结果趋于理想化。众所周知，数字经济发展永不停歇，新产品和新技术的产生都会呈现阶段性的特征，所以要求人才所具备的能力也要不断增加。这就需要将人才培养质量评价贯穿人才培养全过程，质量评价标准要结合浙江省数字产业转型升级的进程，质量评价内容要以产业未来发展的需要为依据，分别制定出一级、二级评价指标，甚至还要进一步细化出三级评价指标，确保人才培养过程中的实际情况能够得到客观、全面、深层的展现，为浙江省数字产业高层次人才培养提供强有力的保证。

通过本节著者所阐述的观点，可以直观感受到当前浙江省数字产业人才培养所取得的成功，人才培养策略的初衷与数字产业转型升级现实需要相统一，数字经济未来发展依然有较大的提升空间，这为浙江省高层次数字产业人才培养夯实了基础。

第三节　浙江省数字产业人才配置

长三角地区高水平人才占比最高的五大行业为ICT（信息和计算机技术）、制造、公司服务、消费品、金融。从人才角度看，数字化转型程度最高的五大行业依次为ICT、制造、消费品、金融和公司服务。这与长三角地区目前的发展重心相吻合。

从高层次人才的毕业专业来看，人文类专业和计算机专业的数量和排名较高，这意味着长三角地区ICT产业的发展具有较好的人才专业基础。相比之下，数字人才的毕业专业则更加倾向于与信息技术相关及工业机械相关的专业，进一步体现出 ICT 和制造行业的数字化转型程度。

有关研究显示，在中国排名前 15 位的数字人才城市中，长三角地区的城市最多，其次是珠三角、环渤海地区。第 1 名为上海，占全国数字人才比例高达 16.6%，而第 15 位沈阳占比仅为 0.8%，差距非常大。

前 10 名数字人才城市分别是上海、北京、深圳、广州、杭州、成都、苏州、南京、武汉、西安。其中一个比较可喜的现象是，中西部城市也存在崛起迹象。前 10 名城市中，中西部城市占据 4 个名额，分别是成都、重庆、西安、武汉。[①]

从行业分布角度看，将近一半的数字人才都是集中在传统的 ICT 行业，传统行业前 3 位分别是制造业、金融业、消费品行业。而职能分布上，接近 85% 的数字人才分布在传统研发领域，深度分析、先进制造、数字营销等职能人才加起来不到 5%。另外，数字人才的专业背景集中在计算机科学、软件课程、电气和电子工程等专业上，但工商管理专业正逐渐成为数字人才的一大来源，融合趋势明显。数据显示，长三角地区高水平人才的职位分布总体比较均匀，而数字人才在高等级职位上占比较低，大部分处于初级职位，这表明长三角地区的数字经济依然存在较大的转型与升级空间。

上海的高层次人才和数字人才在行业分布上比较均衡，ICT 和制造行业是人才最集中的两大行业，消费品、零售、医疗、教育、金融等行业也具备良好的人才基础，在长三角地区的人才和产业发展方面处于引领地位。

浙江省表现出基础型和融合型数字经济并重的特点，各城市呈现差异化发展趋势。杭州以发展 ICT 基础型产业为主，宁波以制造业数字化

---

① 任瑞人才，德勤中国. 产业数字人才研究报告 2023[R]. 北京：社会科学文献出版社，2023：34-35.

转型为目标，金华则偏向于消费品、零售等小商品产业。

江苏省高层次人才和数字人才在传统产业的占比更高，以制造业为主的融合型数字经济发展突出。除南京以 ICT 为主导行业外，苏州、无锡和常州均以制造业为主导。

从高层次人才和数字人才的储备来看，安徽省在长三角地区存在一定劣势，高层次人才主要分布在 ICT、教育和制造三大行业，行业人才发展不够均衡。

人才配置情况决定产业发展的现在与未来，通过当前浙江省数字产业人才配置的现实情况，不仅可以了解到当前浙江省数字产业发展成果取得的原因，还能从中看出数字产业是否能够实现未来发展的目标，进而从中获得浙江省数字产业人才配置的整体方向。图 3-4 对浙江省数字产业人才配置的侧重方向进行了概括，由此可以明确当前浙江省数字产业人才配置的侧重点。

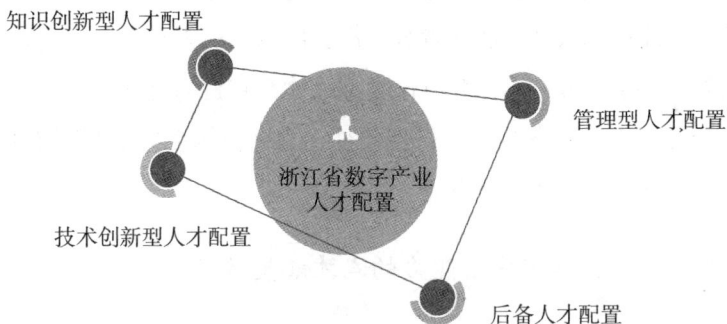

图 3-4 浙江省数字产业人才配置的侧重方向

当前浙江省数字产业人才配置中，管理型人才的配置显然是较为明显的侧重点，知识创新型、技术创新型、后备人才配置紧随其后。然而人才配置的侧重点必须保持高度合理才能确保数字产业发展的可持续性。为此，下文对当前浙江省数字产业人才配置情况进行具体分析，希望可以为广大学者及从事该产业人力资源管理工作的有关人员带来一定的帮助。

一、知识创新型人才配置情况

知识创新型人才是推动数字经济发展的核心力量，因为创新始终是时代发展、社会进步的重要标志，知识创新则为其注入了"灵魂"。随着我国数字经济发展的进程日益加快，各领域都在不断寻求创新发展，知识创新成为最核心的动力。浙江省是我国数字经济强省，在数字产业发展过程中，知识创新型人才显然发挥了至关重要的作用，该类型人才的具体配置情况如下。

（一）具有知识深层挖掘能力的人才配置情况

当下流传着非常经典的一句话，即"知识改变世界，技术成就未来"。字里行间可以看出，技术创新的根源在于知识创新，知识创新的根源则在于知识的深层次研究与挖掘。数字经济背景下的浙江省数字产业发展更是如此。对此，具有知识深层挖掘能力的人才至关重要，是实现知识创新的基本前提。从当前浙江省数字产业内部知识创新型人才配置的总体情况来看，各个领域普遍都配有该类型人才，其目的就是要深度挖掘学科知识，让知识创新具备更多可行性条件，力保技术创新的视野不断拓宽，成就浙江省数字经济的飞速发展。

（二）具有新知识探索能力的人才配置情况

新知识探索能力是知识创新过程中人才必须具备的一项基本能力，因为创新的道路千万条，找到最适合的一条是关键，直接影响创新成果的取得。为此，在知识创新的过程中，人才必须具备探索新知识的能力，进而为实现学科知识的相互交叉及知识创新提供有力支撑。在浙江省数字经济飞速发展的大环境下，数字产业知识创新型人才的配置，并不能实现各领域普遍配有具备新知识探索能力的人才的目标，这必然会导致知识创新的过程中缺少与之相对应的新知识作为支撑，学科知识间的深度交叉并不能达到最佳效果。

（三）具有新知识探索与实践能力的人才配置情况

知识创新的成果是否可行显然要经过实践的检验才能最终定夺，因此在知识创新型人才中，具备新知识探索与实践能力的人才显然是其中的佼佼者。这就要求人才既具有学科知识深入研究的能力，又具有新知识探索能力，更要有新知识实践应用的能力，从而确保知识创新的实用性得到充分体现。从当前浙江省数字产业知识创新型人才配置情况来看，具备该能力的人才较少，并未能使各个领域都配备具有该能力的人才，由此也导致交叉学科新知识的探索深度以及应用价值的体现程度还有待进一步挖掘，而这也是未来浙江省数字产业人才结构优化的主要方向。

二、技术创新型人才配置情况

技术创新型人才显然是数字经济飞速发展过程中，数字产业转型升级的技术支撑力量，浙江省数字产业的发展离不开技术创新型人才所提供的技术支撑。结合当今浙江省数字产业发展的现实情况对技术创新型人才配置进行分析，其必要性不言而喻，能够反映出浙江省数字产业未来发展的技术创新型人才引进与培养方向，下面从三方面进行阐述。

（一）具备技术升级换代能力的人才配置情况

技术升级换代是新技术研发过程中技术创新型人才必须具备的基本能力，所以在产业发展过程中，技术创新以该类型人才的全面配备为标准。从浙江省数字产业发展的现实情况来看，显然该类型人才在产业内部各个领域已经实现了全面配置，并且能够满足各领域产品技术升级换代的基本要求，这是当前浙江省数字产业创新发展的重要人才基础，也是助力目前浙江省数字经济发展的人才保障。

（二）具备新技术研发能力的人才配置情况

从数字产业又好又快地发展的角度来看，"又好"指的就是创新性极为突出、实用性极强、能够为时代发展起到颠覆性作用；"又快"是指创新发展的脚步快，并且始终引领时代快速发展。其中，新技术研发显然是至关重要的一环，必须要有高质量的人才作为保证，方可推动数字产业转型升级的步伐不断加快。浙江省数字产业发展更是如此。可是当前具备新技术研发能力的人才数量相对有限，各领域虽然都有具备此种能力的人才，但人才的充足程度还有待进一步提高。在实现未来数字经济发展所提出的新要求的过程中，不断引进和培养具备此种能力的人才显然是主要方向。

（三）具备准确把握技术创新方向能力的人才配置情况

在这里，著者必须强调的是技术创新并不是漫无目的地研究，而是要结合时代背景下全社会的切实需要，具备已经成熟的知识体系，从而谋求技术创新的主要方向。由此产生的新技术往往更具时代引领作用，更能让"技术创新"的深层内涵得以充分表达。在技术创新过程中，必须有准确把握技术创新方向能力的人才作为支撑，浙江省数字产业发展之路便是如此。但从当前浙江省数字产业发展技术创新型人才配置情况来看，具备这种能力的人才并不能分布到每一个领域，所以这也客观反映出面对数字经济未来发展所提出的具体要求，浙江省数字产业人才引进与培养必须将具备这种能力的人才视为重点关注对象。

三、管理型人才配置情况

管理型人才作为各项工作顺利进行的保障性人才，通常必须具备统筹规划、决策建议、组织领导三方面的能力。其中，前者是最为基本的能力，后两者通常被视为高级能力的具体表现。面对浙江省数字经济发展所取得的辉煌成就以及未来所要面对的严峻挑战，管理型人才的有效配置显然是一项最基本的要求。下面就通过分析当前浙江省数字产业管理人才配置的具体情况，有效展现未来该类型人才引进与培养的主要方向。

（一）具有统筹规划能力的人才配置情况

管理型人才必须具备的基本能力中，统筹规划能力显然是最基本的管理能力，此种能力的具体表现就是能够根据发展的需要做整体性部署，制定出行之有效的措施，并且确保各种措施的顺利实施。从目前浙江省数字产业发展的结构布局来看，转型升级的步伐必然会不断加快，实施的细节无疑错综复杂，包括产品设计、研发、生产、推广、服务等在内的多个流程，都需要进行统筹规划，因此要求管理人才必须具备这种能力，事实也正是如此，产业内部各管理岗位人才普遍都应具备这一能力，反映在浙江省数字产业发展过程中，具有统筹规划能力的人才配置情况较为理想。

（二）具有决策建议能力的人才配置情况

决策能力是管理岗位人才所需要具备的一项高级能力，该能力主要包括两方面：一是准确分析发展形势的能力，二是客观认知现实情况并找出原因的能力。建议能力主要体现在能够通过实践发现可进一步完善的空间，并且及时表达其观点与看法，从而辅助主管部门有效进行管理决策调整。然而，从当前浙江省数字产业管理型人才配置的总体情况来看，并不能保证每个领域都有具备此种能力的人才，这自然会影响数字产业各领域的发展战略决策保持齐头并进的状态，而这显然也是未来浙江省数字产业管理型人才引进与培养的主要方向之一。

（三）具有组织领导能力的人才配置情况

组织领导能力作为管理型人才的一项重要能力体现，是指领导部门、企业、行业能够始终保持正确的发展方向，也是高层次管理型人才的能力象征。在浙江省数字产业发展过程中，显然也需要有具备此种能力的管理型人才作为支撑。但从当前浙江省数字产业管理型人才的配置情况来看，具备这种能力的人才还未能实现各个领域均匀分布，拥有该类人才的领域也只能满足当前数字产业发展的基本需要，人才的充足性尚不能得到充分保证。因此，面对未来的发展，有效引进和培养具备组织领导能力的人才显然成为浙江省数字产业发展的一项重要任务。

四、后备人才配置情况

产业后备人才是产业未来发展的新希望，所以在可持续发展的过程中，要始终保持又好又快的发展姿态，就必须要有充足的后备人才力量作为保证。浙江省数字产业拥有极为理想的发展未来，所以后备人才无论是在数量还是质量上都必须得到充分保证。下面就以此为立足点，对其后备人才配置情况进行明确阐述，同时说明未来产业后备人才的引进与培养方向。

（一）具备学科知识创新潜力的人才配置情况

由于后备人才成就浙江省数字产业未来发展，所以后备人才的储备至关重要，而具有知识创新潜力的人才显然直接关系到未来浙江省数字产业发展之本，所以储备更多具有学科知识创新潜力的人才至关重要。但是，从当前浙江省数字产业具备该潜力的后备人才分布情况来看，"不均匀"显然是最为明显的表征，具体而言就是有的领域具备此种潜力的人才数量较多，未来学科领军人才较为充足；而有的领域具备此种潜力的人才数量较少，会出现学科领军人才青黄不接的情况。因此，在浙江省数字产业未来发展道路中，具备此种潜力的后备人才显然成为重点引进和培养的对象。

（二）具备技术发展洞察能力的人才配置情况

时代进步最为直观的表现在于技术的发展，一系列新技术的产生往往都具有时代象征意义，特别是在数字时代，5G技术、物联网技术、大数据技术、云计算技术等都成为数字经济飞速发展的动力所在，准确把握技术发展方向自然成为数字产业高质量发展的关键。浙江省数字经济飞速发展显然也不例外，数字产业中必须始终具有具备此种能力的人才，就未来发展而言，具备技术发展洞察能力的人才至关重要。然而，从当前浙江省数字产业后备人才的配置情况来看，显然还需要进一步补充具备此种能力的人才。

（三）具备领导潜质的人才配置情况

领导力是产业内部各领域高度聚合的核心力量，也是产业发展过程中管理型人才应具备的一种高级能力。面对浙江省数字产业未来发展的总体趋势，产业内部各个领域必须始终拥有具备此种能力的核心人才，从而领导浙江省数字产业又好又快地发展。其间，具备领导潜质的后备人才显然是关注焦点。但从当前浙江省数字产业内部具备此种潜质的后备人才分布情况来看，依然有不均衡的现象存在，改变这一现象最有效的手段就是不断引进和培养具备这一潜质的后备人才。

综合著者在本章节中所阐述的观点，可以看出，当前浙江省数字产业结构布局较为合理，能够为加快数字经济发展进程提供强大推动力。在此期间，培养出的人才所发挥的作用已经得到了充分体现，并且人才配置在一定程度上起到了重要的支撑作用。针对此，放眼浙江省数字经济未来发展，有效进行高层次数字产业人才需求分析自然成为重点思考的问题，著者在下一章节将会对其加以深度阐述。

第四章 数字经济下浙江省
高层次数字产业人才需求

结合当今数字经济背景下的浙江省数字产业发展总体态势，不难发现众多企业已经完成数字化转型，并且还有诸多企业正处于数字化转型过程中，数字产业在未来拥有较为理想的发展前景。对此，在高层次数字产业人才需求方面，既有着较大的缺口，又有着明确的指向性。为此，著者在本章节的研究与探索中，先分析浙江省数字产业招商引资的趋势，之后对浙江省高层次数字产业人才需求情况进行明确分析，最后在阐明浙江省数字产业人才层次划分的基础上，明确浙江省数字产业高层次人才需求。

第一节 浙江省数字产业招商引资趋势

当前，浙江省数字经济发展势头良好，在过去的几年始终处于全国前列，数字产业优化升级正在一步步进行，数字经济总量和数字产业发展规模正在不断扩大，成为推动我国数字经济和数字产业发展的中坚力量。因此，高层次数字产业人才不仅需求量较大，在需求方向上也有明确的指向。故此，著者在研究数字经济下浙江省高层次数字产业人才需求过程中，先对浙江省数字产业招商引资趋势进行深入分析，以充分说明在该时代背景下浙江省高层次数字产业人才需求和结构优化调整的迫切性。

一、浙江省数字经济核心产业发展概况

招商引资的目的就是带动区域经济实现跨越式增长，推动区域经济达到又好又快的发展目标。浙江省数字产业招商引资势头是否强劲，通过核心产业发展现状就能充分反映出来。基于此，著者先对 2016—2020 年浙江省数字经济核心产业发展概况进行明确阐述。

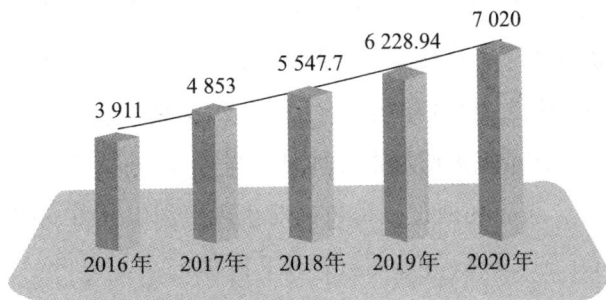

图 4-1　浙江省数字经济核心产业 2016—2020 年总价值走势（单元：亿元）

（数据来源：中商产业研究院）

如图 4-1 所示，浙江省数字经济发展大背景下的核心产业在 2016—2020 年内，总价值增长规律极为明显，即逐年递增，到 2020 年已经增长至 7 020 亿元人民币。其间，强调尽可能将其做大做强，始终保持优势产品不断更新换代的局面。

具体而言，浙江省在 2016—2020 年的 5 年内，更加注重 5G 通信技术、人工智能技术、云计算与大数据技术、物联网技术等领域的深化改革，打造出集通信、计算机、网络、电子元器件、新材料、信息机电、信息服务等多领域于一体的特色数字产业。产业内部形成高等学府与龙头企业共融的数字经济发展环境，让一大批龙头企业带动浙江省

数字产业飞速发展。除此之外，还进一步巩固智能计算、人工智能、工业互联网等的核心地位，确保数字经济核心产业能够长时间保持优势地位。

再从当前数字经济发展过程中所产生的七大领域来看，2020年和2021年有着明显的共同点，都是以软件领域、信息技术服务领域、互联网及相关服务领域为主体，对数字经济增长起到了至关重要的推动作用。根据中商产业研究院的不完全统计，在2020年，上述三个领域为数字经济核心产业发展带来的营业收入非常明显（占到营业总收入的58.3%），利润增长贡献率也极高（占到73.3%）。与此同时，相关产品生产速度的提升也极为明显，特别是在2020年间，浙江省数字经济核心产业中，工业机器人、碳纤维复合材料、自动售卖设备、太阳能和光伏电池、集成电路等产品的生产量与2015年相比有了明显的提高，这些充分说明了浙江省数字经济核心产业发展所取得的辉煌成就。

除此之外，著者还通过一组数据对该观点加以充分说明，即浙江省数字经济核心产业2016—2020年占GDP比重。

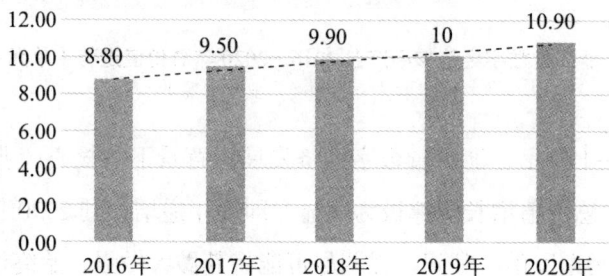

图4-2 浙江省数字经济核心产业2016—2020年占GDP比重（%）

（数据来源：中商产业研究院）

从图4-2中可以看出，浙江省数字经济核心产业GDP总量在全国GDP总量中的所占比例逐年增加，在2020年已经上升到10.90%，虽然2021年有关数据并没有发布，但是按照该图所呈现的走势，不难判断出2021年其依然会保持大幅提升的状态。

　　具体而言，在2016—2020年，浙江省不断加大数字产业发展的推动力度，相继出台了一系列有关政策和措施，其目的就是不断增强浙江省数字产业发展动能，不断扩大其规模，让数字经济核心产业的GDP所占比重逐年增加。2021年数据虽然没有公开，但是其所占比重必然会超过2020年。

　　2020年，浙江省数字经济核心产业进入"井喷式"发展之年，在全省范围内能够达到数字经济核心产业规模的企业已经超过6000家，与2015年相比增长了1/4，与此同时全省数字经济核心产业的增加值更是突破了7000亿元人民币，与2019年相比增长幅度达到了12.7个百分点，增速更是达到了9.3个百分点。纵观"十三五"规划实施的5年，浙江省数字经济核心产业增加值平均以每年15.2个百分点的速度增长，增长速度之快不言而喻，这对全省经济增长起到了巨大的推动作用。

　　在"十三五"期间和"十四五"开局之年，浙江省数字经济核心产业发展呈现出了新的特征。其中，在零售业、支付方式、金融科技、电子商务、线上经济发展方面，都呈现出了新业态，其发展模式已经形成了颠覆性的改变，贸易形式和金融中心的创新性得到了大幅提升。

　　据浙江省商务厅不完全数据统计，在"十三五"规划的最后一年，浙江省在网络销售方面以及网民消费和跨境电商出口份额方面，已经分别突破了20000亿、10000亿、1000亿元人民币大关，网络零售额在社会商品销售总额中，更是占据了极大的比重，已经达到惊人的84.9%，与"十二五"规划最后一年的2015年相比，增长了46.4%之多。

　　除此之外，2020年还有两项重大突破：一是全省快递业务总收入已经突破千亿元大关，年业务量突破了179亿件，与2019年相比，增幅达到了17.3个百分点和35.3个百分点；二是全省在该年选择通过移动支付方式进行商品消费的用户已经超过4000万人，占全省总人数的75%之多，该支付方式所产生的交易额更是上升到67.8亿元人民币，与2019年相比增长31.7个百分点。

二、浙江省数字产业招商引资情况分析

结合上文阐述的内容，可以看出浙江省数字经济发展已经取得了辉煌的成就，为我国数字经济始终保持又好又快的发展做出了巨大贡献，起到了"排头兵"的作用，数字产业招商引资项目所取得的成果充分说明这一点。下面先归纳浙江省数字产业招商引资重要项目与成果，具体如表4-1所示，随后进行项目与成果的总结，对上述观点加以论证。

表4-1 浙江省数字产业招商引资重要项目与成果归纳

招商引资项目	招商引资时间	项目成果	信息来源
浙江省数字经济特色小镇	2021年7月1日	浙江数字经济特色小镇共计41家，并对5家数字经济特色小镇进行了命名	中商情报网
浙江省第三轮小微企业三年成长计划	2021年8月24日	持续深耕产业发展及服务，助力域内企业产业转型升级，协同奉化积蓄产业发展能量，共同书写奉化区经济高质量发展的新华章	融象数科
DXC Technology龙湾国际云软件生态平台	2021年9月29日	开发打造以"领先技术+本土化服务"为驱动的百亿级综合国际软件产业园，建成后将带动上下游软件产业协同发展	九派新闻
文圣区和河东新城文旅产业项目	2022年3月1日	全面建成欧洲智能制造产业园区、铝合金精深加工产业园区、中南数字经济产业园区、幸福里民国风情主题商业街区	浙江省温州市河东区管委会

综合表4-1所呈现出的相关信息，可以看出浙江省在最近两年和未来几年之中，强调要搭乘数字化发展的时代东风，以科技、制造、文化、旅游等领域为中心，突出创意、产品、技术、材料、工艺等多方面的创新性，契合时代发展大趋势，满足当代和未来社会公众的切实需要，进一步

推动浙江省数字产业转型升级，提高浙江省数字经济发展速度，为我国数字经济飞速发展继续增添强大的动力。除此之外，这也意味机遇与挑战并存，要确保浙江省数字产业始终能保持这一强劲势头，高层次数字产业人才是核心力量，人才科学引进和科学管理成为浙江省数字产业又好又快发展进程中必须重点思考的问题。

三、浙江省数字产业招商引资的主要趋势

著者已经在前文对浙江省数字经济发展的大环境，以及未来发展的大趋势进行了明确的分析，归纳了浙江省数字产业招商引资工作所取得的主要成就。在各项招商引资项目成果中，数字链、创新链、人才链成为数字产业链构建与发展的中心。这也奠定了浙江省未来数字产业发展的基础。表4-2对浙江省数字产业招商引资的主要趋势进行了明确阐述。

表 4-2　浙江省数字产业招商引资趋势概括

数字产业招商引资趋势	数字产业招商引资投入力度	数字产业招商引资新要求	信息来源
建设国家数字经济创新发展试验区并培育建设世界级数字产业集群	全面加快高质量5G网络建设步伐，加大新技术基础设施建设力度，进一步增加财政支持力度	数字经济核心产业增加值占GDP比重达到15%，形成数字安防、集成电路、高端软件等具有全球竞争力的标志性产业链和数字产业集群	中商情报网
依托人才之家构筑人才服务高地	新增小微企业贷款1.2万亿元，新增小微企业无还本续贷300万笔，小微企业无还本续贷余额超过5 000亿元	实现人才链与创新链、产业链、资金链的深度融合	融象数科
与高校共同打造数字产业学院	项目投资超百亿	打造"一总部""一中心""一基地"，带动上下游软件产业协同发展	九派新闻
数字产业核心园区的高质量建设	在园区土地与优惠政策等多方面提供大力支持	共建双赢发展道路	浙江省温州市河东区管委会

通过表 4-2 归纳总结的相关信息，可以看出在浙江省加快数字产业发展中，招商引资工作在人力、物力、财力上的投入力度较大，在政策层面也给予了大力支持，能够为浙江省数字产业始终保持又好又快发展提供强大动力，特别是在表 4-1 中提到的"文圣区和河东新城文旅产业项目"上，初步形成数字产业集群，集数字文创、数字旅游、智能产品制造等产业协同发展之势，进而拉动其他产业实现全面发展，为推动浙江省数字经济发展提供了强大作用力。

纵观本节内容，可以直观感受到浙江省数字产业发展的潜力之巨大。浙江省政府以高瞻远瞩的视角加大招商引资力度，为之提供的支撑条件也随之不断增加，数字产业发展的前景极为广阔。但是，政府数字产业招商引资力度和所给予的支撑条件只是必要条件中的一部分，数量充足且结构合理的高层次人才是又一必不可少的条件。如何确保有效引进高层次数字产业人才，并且实现其结构的高度合理成为关注的焦点。对此，著者在下一节浙江省数字产业的人才需求进行具体分析，旨在为确立其高层次人才结构夯实基础。

第二节　浙江省数字产业人才需求分析

从当前数字经济发展的大环境，以及浙江省数字经济发展的大形势，可以直观感受到浙江省数字产业发展的空间巨大，诸多企业也必然会向数字化转型。不可否认的是，人才是引领当今时代数字经济发展的核心力量，高层次人才所发挥的作用是无法替代的。产业互联网/数字化转型对于人才有什么样的要求？一方面在产业端，需要进行产业思维的转变，需要培养人才的产业数字化创新能力，打造面对动态不确定环境的和谐心智模式；另一方面，在教育端，人才培养的供给侧需要进行系统化提升，改革产业中人的教育和高校的教育体系。围绕产业数字化转型过程中面临的结构性人才打造三层人才工程：第一层是产业家人才工程，识别和培养一批影响中国产业发展进程的"产业家";第二层是产业人才培养,面向整个产业升级,打造产业级的人才培养赋能平台;第三层是校企共建、产教融合,为产业源源不断输出新生力量,以产业需求为导向,引导教育教学改革。

对此,在浙江省数字产业转型与升级进程中,高层次人才需求量显然会不断增加,高层次人才的需求类型也会进一步丰富。本节著者就对浙江省数字产业人才需求进行明确分析,具体包括以下四个方面。

一、引领学科发展的人才

从当前浙江省数字经济发展所取得的各项突破,以及数字产业发展进程中企业转型所取得的成就,可以看出数字经济的发展需要产业不断进行转型升级,企业从中审时度势明确未来发展的方向与目标,由此方可确保浙江省始终引领数字经济发展,并全面加快其发展进程。其间,在各领域创新方面,"学科交叉"无疑成为产品创新的必然趋势,因此引领学科发展的人才成为当前乃至未来浙江省数字产业转型升级过程中的关键性人才。

自 1956 年达特茅斯会议提出"人工智能 AI"概念后,人工智能的发展道路跌宕起伏。随着计算能力、大数据、深度学习等技术的发展,近年来人工智能开始呈井喷式发展,或将成为第四次工业革命的最大推动力。

首先,从政府层面看,2017 年 3 月"人工智能"首次被写入国务院的《政府工作报告》,随后各领域对人工智能发展现状和趋势进行了深入学习和探讨,深刻认识到了加快发展新一代人工智能的重大意义。浙江省也把数字经济作为"一号工程",为此投入了大量人力物力,力争借此成为中国数字经济的"领跑者"。其次,应用型 AI 人才需求旺盛。人工智能领域的创新创业机会广阔,各行各业的智慧化需求井喷。随着人工智能的持续火爆,大批求职者主动向人工智能相关岗位靠近,但近三成求职者与 AI 雇主所要求的各项指标相距甚远。经过专门培养的合格 AI 人才缺口，很难在短期内得到有效填补。再次，人工智能人才培养的思考。在产业快速发展阶段，光靠高端人才带动、高校长时间的学科培养，难以满足巨大的人才需求，需要进一步加强高校和企业之间的产学研合作，促进人工智能成果转化和人才培养。最后，人工智能人才培养的探索。近年来，杭州电子科技大学人工智能学院设计了一套 OBE-CDIO 的"智能科学与技术"专业培养方案，将创新创业意识融入课程教学中，收效明显。

具体而言，浙江省政府在全面加强数字经济发展的过程中，强调将知识创新的先导作用最大化，在政策方面强调创新型人才的全面引进与培养。创新的根本在于产品设计理念的创新，不仅要体现智慧化色彩，更要展现人性化特征，由此方可确保数字产业转型升级始终能以社会普遍需求为方向，以满足社会普遍需求为根本宗旨。在此期间，学科之间的相互交叉是一大难点，如何引领交叉学科的发展就成为摆在浙江省数字产业人才面前的棘手问题，而引领学科发展的人才显然是全面解决这一棘手问题的最佳人选，因此也是浙江省数字产业发展中迫切需求的人才类型。

二、负责技术创新的人才

从经济领域分析，产业发展的核心动力在于技术创新，但从其实质分析，技术创新的根本在于技术创新型人才的不断涌现，特别是在数字产业发展进程中，核心科技的升级换代速度不断加快，一系列新技术的涌现更需要强大的技术创新型人才提供支撑。在前文的观点阐述中，著者已经阐明浙江省作为数字经济强省，数字经济发展进程已经位于全国前列，新技术所发挥的承载作用更是极为突出，所以能够领导技术创新的人才无疑成为浙江省数字产业所需要的一大主要人才类型。

2018 年，我国发展和改革委员会发布《关于发展数字经济稳定并扩大就业的指导意见》，指出要强化数字人才教育。如何培养数字经济人才？首先要搞懂什么是数字经济专业人才，我们缺乏怎样的数字经济专业人才。

数字经济专业人才不仅是拥有 ICT（信息和通信技术）专业技能的人才，更涵盖了其他与信息技术专业技能互补协同的跨界人才。从价值链的数字化转型角度出发，数字经济专业人才分为六大类：数字战略管理人才、深度分析人才、产品研发人才、先进制造人才、数字化运营人才和数字营销人才。

数据显示，大数据分析、先进制造、数字营销等与新兴技术相关的职能的数字人才存在较大缺口，新兴技术人才和创新型人才培养方面均存在滞后和不足。当下，高校人才培养亟须解决的问题，是培养"技术＋管理"的高层次应用型人才。由此，我们可以确立数字经济专业人才的培养目标：培养具有数据驱动创新与发展的基本理念，掌握数据管理、数据分析的基础方法，具备洞悉数据内在和外延价值的能力，理解经济活动运行的基本机制，能设计数据驱动的新型商业模式，具备数据驱动创新生态系统链条的设计能力的精英。

至于数字经济专业人才的具体培养方式，著者认为，针对数字经济领域的人才需求，可以制定"宽口径、厚基础"的人才培养课程体系，探索院内"通识课程"模式，引进行业师资、技术、平台等资源，开展联合培养（如 2+2 或 2+3 模式）等。

具体而言，数字产业转型与升级的根本就是围绕社会的具体需求，通过调整产业模式的方式实现产品创新，以求能够满足社会关于产品的各种需求。在此期间，新技术的研发显然最为关键，也是难度最大的一环，如物联网、区块链、人工智能、5G 通信，每一项技术的产生都要经过漫长的技术研发过程，而在技术研发工作正式开始之前，需要进行技术研发方向的准确判定，由此确保新技术的研发成果不仅能够满足时代发展的需要，更能满足公众生产生活中的具体需求。因此，具有领导技术创新能力的人才就成为数字产业发展过程中的稀缺资源，浙江省数字产业要想始终保持又好又快的发展态势更应如此，在人才引进与培养中必须将其视为重中之重。

三、组织高效管理的人才

作为产业经济发展的命脉，企业能否实现战略层面的转型升级，直接影响产业发展的前景，产业经济发展的势头也必然受到相应的影响。由此可见，企业发展是影响经济发展走势的根本要素。对企业发展而言，管理质量是否具备较高的水准至关重要，其原因在于管理者是企业发展的决策者，其决策的前瞻性必然影响企业未来发展的方向和进程。因此，在数字经济下、浙江省数字产业发展过程中，对高质量管理人才的需求具有极强的迫切性和普遍性。

在新制造领域，以"制造＋数字化"为核心，智能机器广泛应用，智能制造迎来繁荣。以工人为代表的人才将迎来就业升级与部分岗位被替代的局面，包括质量管理人员、物流人员、供应链规划人员、运营协调人员在内的岗位都将受到大数据分析、无人驾驶技术、智能供应网络技术等新技术的挑战。

"制造＋数字化"还将催生制造企业内的新兴技术岗位，它们一般集中于IT、硬件、软件、数据科学、工程学、人机交互等领域，需要较强的数字化技能以及制造行业的专业经验。智能机器的广泛应用，将使得智能机械制造、智能家居领域就业受到刺激；协同生产关系以及机器取代体力劳动带来的就业范围将得到扩张。数字经济的发展对人才就业提出了新要求，高校对学生核心能力的认识和培养措施也要随之改变和提升。

在数字经济时代，到底需要什么样的人才？首先，要有同理心、洞察力；其次，要有跨界合作、整合资源的能力；再次，要有系统思维、跨界整合、数字建模能力；最后，要乐观有韧性，乐于拥抱变化。在数字经济背景下，学生所需的能力可以划分为三个类别：必须拥有的能力、应该拥有的能力、尽量拥有的能力。衢州学院机械工程学院对数字经济时代的人才培养进行了实践和探索，包括改革和实践应用型创新人才培养模式，建设面向数字经济的专业课程体系，建设与数字经济相关的产教融合平台，推动和发展"互联网＋"教学模式，建设智慧云教室、虚拟仿真实验室和数字化网络课程教学平台，构建与数字经济适应的本科专业群。

具体而言，浙江省数字经济发展拥有较为理想的政策环境，由此可见浙江省数字经济产业发展的大环境趋于理想化，众多企业也正处于数字化转型新阶段。在此期间，企业管理者的决策是否具有前瞻性、管理制度能否给高质量人才提供较为广阔的发展空间、管理措施是否有助于企业引入并留住高质量人才等都决定了企业转型与发展的前景是否光明，优秀的管理人才必须具备这一素质和能力。但是真正具备这一素质和能力的人才并非一朝一夕就能培养出来，超前的管理理念、具有创新性的管理模式、具有前瞻性的决策视角需要经过长时间的积累与磨炼方可形成，故此，高质量管理人才已经成为当前乃至未来浙江省数字产业发展道路所急需的人才。

四、积蓄发展后劲的后备人才

后备人才是产业未来发展的希望所在，只有拥有优秀的产业后备人才，产业才能有可持续发展的希望。数字经济作为我国当今时代经济发展新业态，改变了我国经济发展的传统模式，更逐渐颠覆了人们关于经济发展的固有认知，众多企业正在向数字化转型，而企业转型和产业升级的关键在于后备人才能否提供巨大的推动力，所以高标准的后备人才就成为数字产业发展的新未来。浙江省数字产业发展更不例外，各类高标准的后备人才也是浙江省数字产业发展过程中所必需的储备型人才。

2015 年，我国提出"推动移动互联网、云计算大数据、物联网发展"，并将大数据上升为国家战略。党的十九大报告中明确提出，我国要"推动互联网、大数据、人工智能和实体经济深度融合"，围绕建设网络强国、数字中国、智慧社会，全面实施国家大数据战略，助力中国经济从高速增长转向高质量发展。

随着大数据专业人才的行业需求越来越多，企业大数据应用环境已经成熟，目前大数据人才有 46 万人。但是，大数据人才缺口仍旧巨大，未来 3～5 年的人才缺口将高达 150 万人。大数据人才就业的方向有很多，包括电信、互联网、工业、金融、健康、交通等行业，就业岗位主要有三大方面：一是数据分析类，二是系统研发类，三是应用开发类。相对应的基础岗位分别是大数据系统研发工程师、大数据应用开发工程师和大数据分析师。

具体而言，高标准后备人才中，既要包括具有领导未来发展潜质的人才，同时还要包括极具技术创新能力的人才，更要包括具有极大管理潜质的管理型人才，为产业发展输送强大"内功"。其中，在领导学科未来发展的过程中，促进学科交叉，进而形成知识层面的创新发展。在技术创新领域，要求人才不仅要具备工匠精神，还要具备创新思维和创新能力，确保数字技术能够始终保持创新发展的姿态。在企业管理的创新性方面，人才不仅要具备较为先进的企业管理理念，还要具备构建企业创新管理模式、人性化管理制度、全方位管理措施的能力，确保企业数字化转型的时机更为准确，企业在数字产业发展浪潮中始终立于不败之地。结合以上论述，可以说高标准的后备人才是浙江省数字产业发展过程中所必需的人才。

党的二十大报告提出，加快发展数字经济，促进数字经济和实体经济深度融合，打造具有国际竞争力的数字产业集群。科技是第一生产力、人才是第一资源、创新是第一动力。当前，全球各个国家和地区都将数字人才引进和培育作为发展数字经济的重要抓手。浙江作为数字经济强省，应把握时代趋势，培育造就更高水平的数字技术研发人才和管理人才梯队，发挥关键要素、强化人才支撑，推动数字经济高质量发展。

浙江是数字经济先行省，2020 年出台全国首部数字经济发展地方性法规，2021 年开启数字化改革，数字经济已经成为浙江经济社会发展的"金名片"。浙江省第十五次党代会明确提出，实现产业升级、创新模式、数字赋能、数据价值、普惠共享五个跃升，率先构建全民共享、引领未来、彰显制度优势的数字文明。

近年来，浙江数字经济总量规模不断扩大，数字经济与实体经济融合程度不断加深，数字经济整体实力走在全国前列。目前，浙江数字化综合发展水平位居全国首位。2021年，浙江数字经济增加值达3.57万亿元，位居全国第4位；数字经济增加值占全省生产总值比重达到48.6%，位居全国省（区）第1位；数字经济核心产业增加值达8 348.3亿元，位居全国第4位，占GDP比重11.4%，对全省经济增长贡献接近15%；数字经济与实体经济深度融合，产业数字化规模达到27 380亿元，占数字经济总量的77%左右，产业数字化水平稳居全国首位。在浙江，数字化变革渗透各产业各领域，成为数字经济发展的主阵地。[①]

人才是第一资源，是数字经济蓬勃发展的关键要素。浙江数字经济的高质量发展，离不开数字人才的量质齐升。浙江互联网人才净流入率多年来一直排在全国前三，11个设区市人才净流入率均为正值，夯实了数字经济发展的基础。当前，浙江已成为数字经济人才的首选地，但是全省数字经济人才依然紧缺。同时，数字经济高质量发展也对数字经济人才提出了新要求，需要更为广义的符合数字经济发展要求，具备数字素养及数字技能、数字伦理及职业素养、数字学习及领导能力等技能的复合型人才。

通过本节的观点阐述不难发现，当前时代是数字经济飞速发展的时代，数字产业转型升级的进程不断加快，浙江省正处于数字经济飞速发展的洪流中心，数字产业想要始终保持又好又快发展，必须要有强大的高层次人才作为重要支撑，这也是当今乃至未来浙江省数字产业人才的总体需求。然而，怎样的人才才能真正称为高层次人才？怎样的高层次人才能够真正满足浙江省数字产业飞速发展的切实需要？针对这两个问题著者在下一节的观点论述中会进行明确分析。

---

① 马跃明，岑文华.勇立潮头的数字经济变革实践——浙江深入推进数字经济高质量发展综述[J].今日浙江，2022（15）：6.

第三节　浙江省数字产业人才层次划分

浙江省数字经济之所以能够飞速发展是因为有强大的数字产业人才作为支撑。面对数字经济发展步伐的不断加快，浙江省数字产业人才需求的层次也必然有所提高。因此，明确浙江省数字产业人才所处层次就成为当务之急，进而浙江省数字产业高层次人才需求的整体方向也能得以明确。下面就针对浙江省数字产业人才的层次进行有效划分。

一、产业学科专业人才层次划分

就当前浙江省数字产业发展的现实情况来看，学科专业人才的需求程度明显增大，但是真正需要哪一层次的学科专业人才还需要进一步明确。因为工作岗位不同，学科专业人才的需求层次也会有所不同，但只要能够满足企业各个岗位人才需求标准即可。从当今浙江省数字产业转型升级的步伐来看，具备领袖气质和能力的学科专业人才显然是需求的重点。接下来著者就立足浙江省数字产业学科专业人才层次构成，阐明以高层次学科专业人才作为需求重点的原因，具体如表4-3所示。

表4-3　产业学科专业人才层次构成

数字产业学科专业人才层次	级　别	能力体现
顶尖层	1级	具备极为突出的知识创新及带领团队进行深入研究的能力
高级层	2级	立足学科交叉谋求知识最大程度创新
	3级	对交叉学科有深度研究并提出具有建设性的观点与研究成果
	4级	高度认可学科之间的相互交叉并模糊学科之间的明显界限

数字产业学科专业人才层次	级　别	能力体现
普通层	5级	明确学科知识之间具备的交叉性并明确分析其交叉的可行性
	6级	具备专业理论创新能力并能找出与之相关联的学科
	7级	通过学科专业理论的实践能够对其理论加以深入研究
	8级	在实践中能够将其专业理论加以内化
	9级	充分掌握学科专业理论

当前浙江省数字产业转型升级的步伐正在不断加快，人才需求的数量也在不断增加，高质量人才的缺口同样在不断扩大，故此高度具备学科专业素质的人才显然是数字产业发展的主要需求对象。从表4-3中可以看出，对产业学科专业人才最基本的要求就是能够明确学科之间的相互交叉，并且在研究与实践中能够找到交叉点和可行性，由此方可带领企业在数字化转型过程中走得更快、更远，才能助力浙江省数字经济始终保持又好又快的发展态势，并进一步加快我国经济的发展步伐。

二、产业技术创新人才层次划分

结合当前浙江省数字经济发展的基本概况，可以看出浙江省在数字产业结构转型与调整中，在诸多方面已经有了很大的突破，甚至走在了全国前列，如物联网、5G技术、移动支付方式等。在此期间，技术攻关显然是至关重要的一环，也是企业顺利转型升级的技术保证。为此，浙江省在数字产业发展过程中，对技术创新型人才的需求量不断增大，特别是高质量技术创新型人才更是主要的人才需求类型。接下来著者就通过表4-4，对浙江省数字产业技术创新型人才的层次构成加以阐述，为确定浙江省数字产业高层次人才需求打下坚实基础。

表 4-4 产业技术创新人才层次构成

数字产业技术创新人才层次	级 别	能力体现
顶尖层	1级	能够放眼未来领导数字经济技术创新潮流，审时度势确立技术研发方向，同时能够制定技术研发的基本流程
高级层	2级	能够按照技术领军人才所制定的技术研发流程，自主完成技术攻关的细节
	3级	能够配合技术领军人才开展技术研发活动，并有效进行技术攻关
	4级	能够充分解读当前数字经济发展对数字产业转型所提出的新要求，并能确立技术创新的核心所在
普通层	5级	对数字经济发展有客观认知，并且在技术创新层面有一定的理解
	6级	能够针对时代发展大环境，认知数字产业发展现实情况和需要，初步意识到新技术开发的必要性
	7级	具备设计简单程序的能力，并且能够有效维护
	8级	能够根据具体要求自主编写应用程序，并进行程序维护
	9级	掌握最基本的技术操作，并且能够判断技术细节存在的问题

如表 4-4 所示，数字产业技术创新型人才主要分为 9 个层级，5～9 级属于普通层，要求人才必须具备基本的操作和执行能力；2～4 级则属于高级层，要求人才对新技术有一定的认知，并且能够结合数字经济发展的大趋势有一定的见解，同时还要在技术创新上有一定的想法和做法；而第 1 级则属于顶尖级，也是数字产业技术创新型人才的顶尖层，要求人才能够领导数字产业技术创新发展的大趋势，故此也是浙江省数字产业发展过程中，技术创新型人才中的稀缺资源，能够满足数字经济发展所提出的新要求。

三、产业管理人才层次划分

就浙江省数字经济未来发展的前景而言，诸多新领域需要不断深耕，数字产业发展空间巨大，所以众多企业也正在进行数字化转型。但是，在转型过程中需要对转型时机、转型方向加以正确把握，做出最具可行性的战略决策，以保证浙江省数字产业链条更加完善，数字经济始终保持又好又快的发展势头。在此期间，高质量管理型人才显然发挥着至关重要的作用。如何才能称为"高质量"？著者接下来就通过表4-5，对浙江省数字产业管理人才层次进行分析，从而为浙江省数字产业高层次人才需求分析提供更加直观的依据。

表 4-5　产业管理人才层次构成

数字产业管理人才层次	级　别	能力体现
顶尖层	1级	具备构建、完善、强化人才链的能力，并能针对企业发展做出具有前瞻性的决策，提出具有高度可行性的管理理念和措施
高级层	2级	有效进行企业人才配置，高度奉行企业管理理念和管理措施，确保各部门各项工作有序进行
	3级	具备管理人才所必备的能力与素养，能够针对企业管理工作发展规划做出相关优化与调整
	4级	参与制定企业战略发展规划，并能提出自己的看法与观点，明确企业发展的战略意图
普通层	5级	能够满足各部门员工发展的切实需要，详细制定人才引进和部门工作运行方案
	6级	制订并执行企业各部门管理计划，同时善于对部门管理措施进行革新
	7级	具备制定企业管理计划和管理方案的能力，并能促进企业各部门之间的协同发展
	8级	能够针对企业各部门之间的相关事宜进行相关协调，促进部门之间的交流畅通
	9级	信息的上传下达，相关资料的整理与保存

如表 4-5 所示，在数字产业管理型人才中，处于普通层的人才主要掌握最基本的管理技能，能够确保企业部门之间保持顺畅的信息传递，但是并不具备决策能力，所以也不会涉及企业管理工作的决策权。处于高级层的企业管理人才显然与之有着明显的不同，不仅在技能上体现出全面性，在能力上也具有一定的决策能力和部门协同能力，能够成为领导企业各个部门协同并进的主体。而处于顶尖层的管理人才在技能与能力方面更为突出，能够结合当今数字经济发展的大背景，预计未来发展的主要形势并做出正确的决策，带领企业顺利转型、全面升级，而这显然也是企业决胜数字产业发展之路的关键。

四、产业后备人才层次划分

浙江省数字经济始终保持快速增长的势头，数字产业发展始终保持又好又快的发展态势，离不开高质量的后备人才，这也正是著者得出"后备人才是数字产业未来发展的希望"的论断的原因。因此，浙江省数字产业发展必须注重高质量的数字人才引进与培养，而何谓"高质量后备人才"？主要是将能力与素质两方面作为重要依据。下面著者就通过表 4-6 对浙江省数字产业后备人才层次构成进行最直观的体现，希望能够为分析浙江省数字产业高层次人才需求提供有力依据。

表 4-6　产业后备人才层次构成

数字产业后备人才层次	级　别	能力体现
顶尖层	1级	结合数字产业未来发展的大趋势，统筹企业数字化转型与发展的各项事宜
高级层	2级	对数字经济发展做出前瞻性预判，并能协同产业链发展构建、完善、强化人才链
	3级	能够根据数字经济发展进程，有效优化数字产业人才链
	4级	能够根据数字产业发展需求不断进行数字产业人才链的补充

续表

数字产业后备人才层次	级　别	能力体现
普通层	5级	具备以科学视角构建产业人才链并引进人才的能力
	6级	对数字产品技术创新有一定的认知，并且对未来发展拥有自己的看法
	7级	能够组织并协调企业数字化转型过程中的一般事宜
	8级	具备基本的实操技能，同时能够根据自身的实践经验提炼内心最真实的看法
	9级	能够完成相关产品的组装和调试

如表4-6所示，在浙江省数字产业后备人才中，只具备相关产品组装与调试能力，或能根据自身经验提出相关看法，能够对实践过程中的相关事宜加以协调，甚至能够引进相关人才等基本能力的人才，通常被认定为处于普通层，也是数字产业后备人才的基础层。而能够针对浙江省数字产业发展的势头，有效构建人才链、完善人才链、强化人才链，同时能对数字经济发展做出前瞻性预判的人才，通常在该产业后备人才中处于高级层。顶尖层人才则是能够立足浙江省数字产业未来发展的大趋势，对企业数字化转型升级和发展的相关事宜进行有效处理的人才，这显然是未来浙江省数字产业飞速发展过程中所必需的后备人才，也是未来浙江省数字产业发展过程中极为稀有的人才类型。

综合本节所阐述的观点不难发现，当前浙江省数字产业人才结构主要包括学科专业人才、技术创新人才、管理人才、后备人才四个结构，并且每个人才结构根据其能力与素质的不同，都可划分为9个级别。其中，处于顶尖层的人才自然可被认定为高层次人才，这类人才不仅能够满足当前浙江省数字产业的发展需求，更能影响浙江省未来数字经济和数字产业发展的趋势，显然也是浙江省数字产业高层次人才的主要需求方向。

第四节　浙江省数字产业高层次人才需求

在前边，著者通过相关数据充分说明了浙江省数字经济发展的总体形势，以及当前数字产业发展的基本情况，表明浙江省数字产业人才的发展前景广阔。除此之外，著者还对浙江省数字产业发展所需人才的层次进行了具体划分，说明了各层次人才所必须具备的能力与素质，这些显然都为本节的观点论述提供了重要依据。跟过去的企业大学不一样，产业人才培养不仅是服务企业内部，而是全面整合产业生态资源，为整个产业链进行人才赋能。它是围绕整个产业的上中下游的人才需求，围绕新产业、新技术、新金融、新平台的一系列适应现代产业体系要求而进行的产业从业者的培养，为产业上下游创造价值并共享收益，因此产业人才培养是一个利润中心。同时产业人才培养也是一个产业级的人才培养与认证中心，面向产业数字化和高质量转型发展需求，打造产业级人才供应链，为产业持续输出符合和支撑现代产业体系转型要求的人才。图 4-3 直观展现了浙江省数字产业高层次人才需求情况。

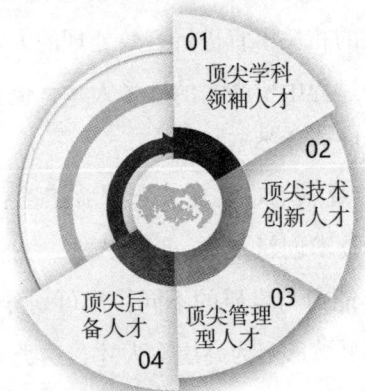

图 4-3　浙江省数字产业高层次人才需求情况

浙江省数字产业转型升级过程中，人才所起到的支撑作用极为明显。随着我国数字经济发展步伐的不断加快，对高层次顶尖人才的需求更是极为迫切。下面对这四类高层次人才需求迫切的原因加以具体分析。

一、迫切的顶尖学科领袖人才需求

顶尖的学科领袖人才之所以是产业发展中的"火车头"，原因在于该类人才能够加速知识创新的步伐，其带动作用不言而喻。从浙江省数字产业发展的总体形势以及未来发展的大趋势来看，富有学科领袖气质的顶尖人才显然是迫切的人才需求方向，该类人才主要具备以下三方面的能力。

（一）具备学科交叉的研究能力

交叉学科的探索与研究是当前学科研究的普遍方向，也是知识创新的本源，数字时代的到来就是以交叉学科的全面形成为基础的。随着数字经济的飞速发展，交叉学科研究的不断深化无疑成为必然。对数字产业的发展而言，不断推进学科交叉的研究显然是一项根本要求。对此，浙江省在数字产业未来发展中，广泛吸纳水平较高并且具有深入研究能力的相关研究型人才，必然会进一步加快本省数字产业发展的步伐，而该类人才显然也是浙江省数字产业发展所需要的最基本的高层次人才，在学科发展中具有较强的领袖作用。

（二）具备知识创新能力

随着数字时代的到来，知识创新已经成为时代创新发展的重要标志，也是数字时代所独有的特征，因此新事物的产生往往都具有颠覆性特征。对此，浙江省数字产业要保持可持续性和又好又快发展态势的关键就是始终进行知识创新，因此具备知识创新能力的人才将是学科发展的"领头羊"，是颠覆数字产业未来发展方向，甚至是数字时代发展的核心力量，而这也正是浙江省数字产业高层次人才的主要需求方向之一，同时需求也极具迫切性。

（三）具备新知识实践应用与探索能力

新知识产生之后往往需要实践去验证，进而才能充分体现新知识的理论价值和实践价值。数字经济飞速发展，其实质就是新知识的高度运用，让知识给人们带来更多的方便与快捷。因此，学科之间知识的相互交叉是根本，能够使其在实践中不断深化，并将其转化为新的技术。在浙江省数字经济飞速发展的今天，具备新知识实践应用与探索能力的专项人才，能够在领导学科创新发展中发挥"践行者"和"拓荒者"的作用。

二、强烈的顶尖技术创新人才需求

技术创新是推动时代发展的根本力量，而顶尖技术型人才是力量之源。在数字经济飞速发展的时代背景下，数字产业的发展离不开顶尖技术人才的支撑，浙江省数字产业发展更是如此。结合前文中所阐述的观点，著者认为当前乃至未来浙江省强烈的顶尖技术创新人才需求主要表现在以下三方面。

（一）把握未来数字技术发展方向

数字技术的发展使得产品数字化趋势愈加明显，使人们日常生产生活的便捷程度越来越高。随着数字时代发展速度的不断加快，数字经济发展的进程也会不断提高，数字产业未来发展的前景也会愈加明朗，"未来可期"显然是对我国数字经济未来发展最直接的评价。浙江省作为我国数字经济大省，几年来一直处于全国数字经济发展的前列，所拥有的政策环境极为理想，所以未来发展的空间更是巨大。这需要能够正确把握未来数字技术发展方向的人才作为基本前提条件，而该类人才也是浙江省数字产业急需的高层次人才类型之一。

（二）具有极强的技术攻关能力

技术攻关无疑是技术创新过程中最为关键的一环，技术攻关过程顺利不仅会获得全新的技术成果，产品本身的品质也会随之得到全面提升，反之不然。对数字产业发展而言，产品本身的技术性以及管理过程的技术性显然是产业发展的根本。如何才能确保技术创新成果得以全面体现？这需要具有极强技术攻关能力的人才作为支撑。对此，在未来数字产业发展之路中，具备这一关键能力的人才显然是浙江省数字产业发展的迫切需求，该类人才也是高层次人才的具体象征。

（三）具有技术领军气质

从当前浙江省数字经济发展的基本形势来看，技术创新已经成为最明显的表征，这也正是人们口中常说的"没有买不到，只有想不到"的根本原因。随着数字经济发展速度的不断加快，技术革新无疑是数字产业发展的命脉所在，能够领导技术发展的人才成为数字产业发展中不可或缺的人才。然而，此类人才往往不可多得，所以浙江省在数字产业发展过程中，始终拥有具有技术领军气质的人才无疑能够确保其又好又快发展，就当前乃至未来而言，该类人才也是浙江省数字产业迫切需求的高层次人才。

三、强烈的顶尖管理型人才需求

浙江省数字产业快速发展已是不争的事实，本章第一节的数据与分析充分体现了这一点，最为具体的表现在于企业数字化转型极为普遍。在此期间，转型时机的正确把握、转型后的战略规划制定及战略决策的实施都决定着企业未来的发展，更关乎浙江省数字产业发展的未来，这也充分说明顶尖管理人才是浙江省数字产业迫切需求的高层次人才。

（一）企业数字化转型的最佳时机选择

顶尖的企业管理者作为企业未来发展的战略决策者，需要准确把握企业的发展时机，有效进行企业转型升级，这是企业可持续发展的根本保证，更是企业未来又好又快发展的必然条件。因此，在浙江省数字经济飞速发展的当下，企业管理者必须准确把握数字化转型的有利时机，实施企业战略层面的转型升级，革新企业日常生产经营的方式与方法，使企业在未来发展方向上发生颠覆性的改变，由此方可确保企业在未来发展中能够紧跟时代发展潮流，获得引领数字产业发展的机会。

（二）企业数字化转型后的战略规划

企业在数字经济发展背景下，要实现战略转型，就必须进行有效的战略规划，既要围绕企业数字化发展的战略方向，对品牌与产品的市场影响战略做出相关部署，更要对企业产品设计、研发、生产、推广、服务等多环节进行不断完善；不仅要全面构建企业人才链，更要对其加以及时补充和强化，由此方可确保企业数字化转型后始终能与数字经济发展的大趋势相统一，并且能够满足当今时代人们对该领域相关产品的普遍需求，真正让企业在数字产业发展过程中站稳脚跟，并有能力、有机会把企业做大做强。

（三）数字化转型后的战略规划调整

在企业完成数字化转型并制定出相关的战略规划之后，具体实施过程必然不会一帆风顺，需要经过一定的风浪方可实现企业的成功转型。因此，企业管理者必须根据数字化转型过程中所积累的经验与教训，及时调整战略规划，包括产品设计与研发方向的创新、产品目标市场的科学转变、产品定位的系统化、企业品牌和产品推广的策略创新等，确保企业数字化转型能够走向成功。这些显然都需要一个杰出的企业决策者来完成，这也是顶尖管理型人才的代表。

四、强烈的顶尖后备人才需求

后备人才的质量决定了产业未来发展前景是否光明，面对当今浙江省数字经济发展的现实情况，不难发现数字产业的未来发展前景一片光明，而这无疑对浙江省数字产业后备人才的引进与培养提出了较高的要求。因此，强劲的顶尖后备人才自然是其未来发展中的强烈需求。

（一）具有潜在的学科领袖气质和风范

具备学科领袖气质和风范的人才是数字产业实现知识创新、技术创新、管理创新的根本，也是数字经济始终保持又好又快发展态势不可缺少的领军者。就浙江省数字经济发展所取得的辉煌成就而言，学科领袖人才的作用和价值巨大，是引领浙江省数字产业发展潮流的主体。因此，在数字产业后备人才的引进与培养中，必须将具有潜在学科领袖气质和风范的人才作为主要对象，从而确保浙江省数字产业发展的总体方向始终能够与社会需求相一致，助推浙江省数字经济始终保持跨越式发展。

（二）具有较大的核心技术攻关能力培养空间

浙江省在数字产业飞速发展中，必然要攻克诸多技术难题，进而才能为产品创新提供重要支撑。随着我国科学技术的飞速发展，浙江省数字经济发展无疑拥有了更为理想的契机，数字产业发展更是迎来前所未有的机遇，未来更是如此。但是，在未来发展的过程中，一系列技术攻关项目需要具有专业能力的人才去面对，因此未来浙江省数字产业后备人才必须加强此类人才的引进与培养，从而确保在走数字产业发展道路时能够有源源不断的技术领军人才出现，以此来成就浙江省数字产业发展方向始终与社会不断提出的新要求相吻合。

（三）具备较强的企业管理潜质

"求真务实""开拓创新"是当今浙江省数字产业发展的基本方针，同时也是企业全面完成数字化转型升级的根本。这要求企业决策者能够以数字经济发展的大环境与大背景作为根本出发点，围绕企业未来发展目标正确把握企业数字化转型时机，能够制定转型后的发展战略，并在实践中不断进行优化与调整，最终方可确保企业助力浙江省数字经济又好又快发展。然而，随着时间的推移，企业完成数字化转型之后必然会面对不断的战略升级，未来要确保企业所迈出的每一步都高度准确，必然要有高质量的后备人才作为支撑，所以具备较强的企业管理潜质就成为浙江省数字产业顶尖后备人才应有的一大能力。

例如，2023 科技领军人才活动在浙江某高端装备海外工程师协同创新中心举行，企业与人才面对面交流，搭建"产智"融合桥梁。

依港而生、因港而兴的宁波北仑，是全国首个"国家引进国外智力示范区"和国家级优秀双创示范基地。针对本次活动，北仑区科技局前期组织开展了广泛的调研摸排，共汇总企业技术难题 10 项，涉及多个细分领域。

2020 年 9 月 24 日，开展项目路演的 10 位相关领域知名专家受聘担任科技领军人才创新驱动中心（宁波）工程师导师，将更好地发挥人才集聚优势，帮助企业摆脱创新困境。

地方相关负责人表示，科技部科技人才交流开发服务中心与本地合作建立了科技领军人才创新驱动中心（宁波），推进难题共解、资源共享、发展共促，为北仑持续积聚创新动能、增创开放优势献计助力。该中心成立以来，聚焦不同领域，以企业需求为导向，深入企业走访，通过常态化举办科技项目路演、科技成果供需对接等人才活动，致力于促成产研协同攻克行业瓶颈问题。

数据显示，2020—2022 年，该中心累计开展咨询对接及辅导培训活动 112 场。

地方负责人表示，依托科技部人才中心的智力资源，北仑已与30余家国内"双一流"高校、科研院所建立了合作，未来将深化政校企联动，进一步助力北仑企业和区域经济蓬勃发展。

通过以上观点的论述，可以看出当前浙江省在数字产业发展进程中，人才需求的迫切性较为明显，需求方向主要在于富有领袖气质的学科专业人才、具有主导技术发展能力的技术人才、管理能力极为全面的管理人才，以及能力与素质极具开发空间的后备人才，这些人才都体现出了高层次水平，能够对浙江省数字产业进一步转型升级起到积极的推动作用，故而也必须成为浙江省高层次数字产业人才结构的基本构成。

五、强烈的顶尖企业数字人才需求

为了掌握企业对数字科技人才的需求情况，著者对浙江省的79家科技型企业进行了人才需求调研。

这里的"数字人才"是指在数字领域具有一定专业知识和专门技能，在科学技术的创造、传播、应用和发展中做出积极贡献的人。其所指应当包括各专业领域的高级学者、专家和知名的教授、科学研究人员、工程技术人员、科技教育人员、科技管理人员和经济管理人员等。但根据需要，此处主要定位于"在数字科技领域具有大学本科及以上学历和虽不具备上述学历但有高、中级职称的人员"。一般是指具有从事生产、应用、创新知识的能力，能为企业带来知识资本增值的员工。他们通常具有拥有知识资本、喜欢创造性的工作、组织性强、流动意愿强、具有危机意识、具有更高的追求、工作绩效容易衡量、个性张扬、重视自我心理感受及精神感受、重视身体的健康状态等特点。

（一）企业数字人才整体队伍现状如何？其结构是否合理？年轻化、知识化的程度如何？未来需求预测如何？

一般来说，一家企业的数字人才队伍的规模和质量及其稳定性，在很大程度上影响和决定着该企业的发展水平，决定着它在同类企业中的地位和影响力。

本次被调查的79家企业，目前规模都不大，94.9%的企业总职工人数在2 000人以下。79家企业的职工人数基本情况：60家企业在300人以下，占75.9%；4家企业在300～500人，占5.1%；5家企业在500～1 000人，占6.3%；6家企业在1 000～2 000人，占7.6%；4家企业在2 000人以上，占5.1%。

在这79家科技型企业中，目前拥有的科技人员占总职工人数的比例：10%以下的有13家，占16.5%；10%～15%的有17家，占21.5%；15%～20%的有10家，占12.7%；20%～30%的有11家，占13.9%；30%以上的有28家，占35.4%。数据显示，科技型企业的科技人员占总职工人数的比例并不低。因为学界一般认为，一家企业的经济要能够持续协调发展，其科技人员占总职工人数的比例应在15%以上。本次调查的79家科技型企业中，比例在15%以上的有49家，占65.3%，说明许多科技型企业最主要的问题已不是拥有科技人员的数量，而是科技人员的质量与结构，关键问题是缺乏最大程度地发挥已有的数字人才价值的激励机制和方式。因此，如何通过改进激励机制来使得数字人才更加自觉自愿地工作，最大限度地激发和调动数字人才，发挥他们的主观能动性，更好地实现企业的目标，才是最需要关注的问题。

对79家企业中的科技人员群体的学历结构进行调查，结果如下。来自调查样本的123名科技人员中，目前学历为本科的最多，有78人，占63.4%；第二是研究生，有23人，占18.7%；第三是大专生，有15人，占12.2%；第四是高中，有4人，占3.3%；最少的是初中，有3人，占2.4%。可见，随着浙江省高等教育大众化阶段的到来，企业的科技人员群体的学历已经大大提高。

对79家企业中的科技人员群体的年龄结构进行调查，结果如下。来自调查样本的123名科技人员中，目前，30岁以下的科技人员74人，占总数的 60.2%；31～40 岁的科技人员 33 人，占总数的 26.8%；41～50 岁的科技人员 14 人，占总数的 11.4%；50 岁以上的科技人员 2 人，占总数的 1.6%。可见，科技人员总体年龄结构趋向年轻化，40 岁以下的从业科技人员已成为浙江科技型企业发展的主要推动者和实现者，有 107 人，占 87%。学界一般认为，一支有活力的科技人员队伍，其青年、中年、老年科技人员应符合锥形结构：中青年（40 岁以下）的比例应在 70% 以上。否则随着老一代科技人员的逐渐退休，许多科技型企业原本就短缺的高技能型人才将后继乏人，面临断档的危险。

这些企业的科技人员从事科技工作的时间大多数在 1～5 年，占 74.8%，以青年人为主。123 名科技人员中，目前从事科技工作的时间，"不足两年"的最多，有 52 人，占 42.3%；第二是"2～5 年"的，有 40 人，占 32.5%；第三是"6～10 年"的，有 23 人，占 18.7%；第四是"11～20 年"的，有 6 人，占 4.9%；第五是"21～30 年"的，有 2 人，占 1.6%；最后是"30 年以上"的，为 0。

人力需求变化的预测是和组织的发展战略、组织所处的内外部环境相对应的，对人力需求的预测主要是指在数量、质量和结构等方面的预测。

科技型企业最缺的人才是专业技术人才和高级管理人才。在 79 家科技型企业的管理者中，认为未来 5 年中企业特别急需的专业技术人才为高级人才的有 49 家，占 62%；中级人才的有 34 家，占 43%；初级人才的只有 3 家，仅占 3.8%。在特别急需技能人才中，选择高级技师的有 29 家，占 36.7%；选择技师的有 33 家，占 41.8%；选择高级工的有 16 家，占 20.3%；选择中级工的有 8 家，占 10.1%；选择初级工的只有 3 家，仅占 3.8%。说明科技型企业用人的要求集中在本、专科层次，有的科技型企业甚至需要研究生。当然由于部分科技型企业的科技含量不是很高，主要还是属于劳动密集型的生产，因此，有些科技型企业还需要大批无学历人员。但浙江省的科技型企业从改革开放发展至今，从国内市场做到国外市场，所有的企业之间的竞争，不外乎两个要素：一是人才，二是科技。浙江省的科技型企业，正在由劳动密集型向产品科技型转轨，他们一方面在招聘人才的过程中看重科技人员，另一方面也十分重视管理层次的人才。可以说，他们对人才的选择预示着企业的发展方向。

这 79 家科技型企业中有九成以上企业的管理者认为，目前拥有的科技人员的知识水平、业务能力基本能适应公司的发展需要。他们对"目前拥有的科技人员的知识水平、业务能力是否适应公司的发展需要"的回答，选择"完全适应"的只有 3 家，仅占 3.8%；选择"基本适应"的有 72 家，占 91.1%；选择"很不适应"也只有 4 家，占 5.1%。

有近一半的科技型企业科技人员缺乏产品开发与创新的意识。来自调查样本的科技型企业的 123 名科技人员中，对"您在产品开发方面时常有许多新的点子和创新的想法"的回答，选择"是的"的，有 65 人，占 52.8%；选择"不是"的，有 58 人，占 47.2%。

加薪和晋升是科技型企业的管理者激发数字人才开展科技创新活动激情最有效的手段。79 家科技型企业的管理者在"激发数字人才开展科技创新活动激情最有效的手段（可多选）"的选择中，选择"加薪"的有 59 家，占 74.7%；选择"晋升"的有 44 家，占 55.7%；选择"提供培训机会"的有 36 家，占 45.6%；选择"提供科研条件"的有 34 家，占 43%；选择"一次性货币奖励"的有 28 家，占 35.4%；选择"额外福利"的有 23 家，占 29.1%；选择"股票期权"的有 18 家，占 22.8%；选择"授予荣誉称号"的有 10 家，占 12.7%。面对同一问题，来自浙江省科技型企业的 123 名科技人员的选择与 79 家科技型企业的管理者几乎相同。他们对于激发数字人才开展科技创新活动激情最有效的手段；选择"加薪"的有 98 人，占 79.7%；选择"晋升"的有 58 人，占 47.2%；选择"额外福利"的有 42 人，占 34.1%；选择"提供培训机会"的有 40 人，占 32.5%；选择"一次性货币奖励"的有 38 人，占 30.9%；选择"提供科研条件"的有 35 人，占 28.5%；选择"股票期权"的有 26 人，占 21.1%；

选择"授予荣誉称号"的有 12 人，占 9.8%；选择"其他"的有 3 人，占 2.4%。

（二）市场需求扩大以后，是否存在数字人才的结构性短缺现象？其形成的主要原因是什么？

当前，浙江省科技型企业的数字人才总量不足，总体素质偏低，结构失衡，在一定程度上制约着科技型企业竞争力的提高和经济社会的可持续发展。

79 家科技型企业在近 2 年内有无进行新产品开发？调查显示，选择"有"的为 66 家，占 83.5%，"没有"的为 13 家，占 16.5%。

79 家科技型企业的研究开发费用占全年产品销售收入比例：选择"0.1% 以下"的有 6 家，占 7.6%；选择"0.1%"的有 10 家，占 12.7%；选择"0.2%"的有 7 家，占 8.9%；选择"0.3%"的有 6 家，占 7.6%；选择"0.3% 以上"的有 50 家，占 63.3%。

浙江省科技型企业出现数字人才缺乏的三个最主要原因是"企业自身存在管理机制漏洞问题""企业难以提供高薪酬、高福利"和"企业自身存在晋升机制不合理问题"。调查显示，79 家科技型企业的管理者在"对于本省科技型企业而言，出现数字人才缺乏的最主要原因（可多选）"的回答中，选择"企业自身存在管理机制漏洞问题"的有 47 家，占 59.5%；选择"企业难以提供高薪酬、高福利"的有 38 家，占 48.1%；选择"企业自身存在晋升机制不合理问题"的有 36 家，占 45.6%；选择"企业主经营管理理念落后"的有 33 家，占 41.8%；选择"社会对科技型企业的歧视和偏见"的有 18 家，占 22.8%；选择"企业在员工培训方面意识不够"的有 15 家，占 19%；选择"企业地理位置偏僻"的有 13 家，占 16.5%。但与此形成对照的是，面对同一问题，来自浙江省科技型企业的 123 名科技人员的选择略有不同。他们选择"企业自身存在晋升机制不合理问题"的有 55 人，占 45.5%；选择"企业自身存在管理机制漏洞问题"的有 52 人，占 43.0%；选择"企业难以提供高薪酬、高福利"的有 51 人，占 42.1%；选择"企业在员工培训方面意识不够"的有 41 人，占 33.9%；选择"企业主经营管理理念落后"的有 35 人，占 28.9%；选择"企业地理位置偏僻"的有 27 人，占 22.3%；选择"社会对科技型企业的歧视和偏见"的有 26 人，占 21.5%.

浙江省科技型企业数字人才引进中遇到的困难问题，在突出程度的排序中，选择"优秀数字人才引进难"的是最多的，有 45 家，占 57%；其次是"引进对象稀缺"和"缺乏便捷信息"，均分别有 9 家，占 11.4%；再次是"引进途径少"，有 5 家，占 6.3%；最后是"对接成功率低"有 3 家，占 3.8%。

数字人才开发和利用方面遇到的最大问题是人才来源渠道不畅通，符合企业需求的人才难找。调查显示，79 家科技型企业的管理者对"在数字人才开发和利用方面遇到的最大问题是（可多选）"的回单中，选择"人才来源渠道不畅通，符合企业需求的人才难找"的最多，有 57 家，占 72.2%；其次是选择"人才流失问题严重"的，有 34 家，占 43%；再次是选择"进行员工培训的成本高"的，有 24 家，占 30.4%；最后是选择"人才信息沟通不够及时"的，有 19 家，占 24.1%。

（三）科技型企业数字人才作用发挥的制约因素有哪些？

工作安排比较合理是科技型企业的数字人才能较好发挥作用的首要原因。调查显示，79 家科技型企业的管理者，对"数字人才能较好发挥作用的企业原因有（可多选）"的回答中，选择"工作安排比较合理"的有 48 家，占 60.8%；选择"充分信赖，比较放手"的有 39 家，占 49.4%；选择"待遇较高"的有 33 家，占 41.8%；选择"招聘专业对口"的有 28 家，占 35.4%。与此形成对照，面对同一问题，来自浙江省科技型企业的 123 名科技人员的选择几乎相同。他们对于"数字人才能较好发挥作用的企业原因（可多选）"，选择"工作安排比较合理"的有 47 人，占 38.5%；选择"充分信赖，比较放手"的有 36 人，占 29.5%；选择"待遇较高"的有 26 人，占 21.3%；选择"招聘专业对口"的有 13 人，占 10.7%。

学术氛围不浓和沟通机制不畅，是科技型企业的科技人员工作中遇到的最大困难。调查显示，科技人员对"您工作中遇到的最大困难是"的回答，选择"学术氛围不浓"的最多，有 46 人，占 37.4%；第二是选择"沟通机制不畅"的，有 25 人，占 20.3%；第三是选择"同事间缺乏团队精神"的，有 20 人，占 16.3%；第四是选择"工作条件差"的，有 12 人，占 9.8%；第五是选择"领导管理水平不高"的，有 11 人，占 8.9%；最后是选择"语言障碍"的，有 9 人，占 7.3%。

互联网是科技型企业的科技人员获取专业科技信息的最主要渠道。调查显示，来自科技型企业的 123 名科技人员中，对"您获取专业科技信息的主要渠道是"的回答，选择"互联网"的最多，有 74 人，占 34.4%；第二是选择"专业培训"的，有 40 人，占 18.6%；第三是选择"学术著作与学术期刊"的，有 35 人，占 16.3%；第四是选择"学术会议"的，有 30 人，占 14%；第五是选择"大众传播媒介"的，有 22 人，占 10.2%；第六是选择"科技团体"的，有 8 人，占 3.7%；最后是选择"其他"的，有 6 人，占 2.8%。

大多数科技型企业的科技人员近两年参加学术或技能交流活动的次数并不多，可能对其科技创新能力和水平的提高会有不利影响。调查显示，科技人员中，对"近两年您参加了几次学术或技能交流活动"的回答，选择"一两次"的最多，有 50 人，占 40.7%；其次是选择"三四次"的，有 34 人，占 27.6%；再次是选择"一次也没有"的，有 23 人，占 18.7%；最后是选择"四次以上"的，有 16 人，占 13%。

被调查的科技人员中，对"您认为数字人才能较好发挥作用的个人原因有（可多选）"的回答，选择"素质和能力达到需求"的最多，有 66 人，占 28.2%；第二是选择"企业关心，待遇合适"的，有 61 人，占

26.1%；第三是选择"能实现个人价值和目标"的，有 54 人，占 23.1%；第四是选择"安心本职工作"的，有 52 人，占 22.2%；最后是选择"其他因素"的，有 1 人，占 0.4%。

工资待遇、住房待遇、工作环境和发展机会是引进和留住数字人才的几个重要条件。79 家科技型企业的管理者在对"引进和留住数字人才之条件"的重要性进行排序的问题上，选择最多的是"工资待遇"，占 35.4%；第二是"发展机会"，占 32.9%；第三是"住房待遇"和"工作环境"，分别各占 11.4%；第四是"贡献奖励措施"和"税收等优惠政策"，分别各占 3.8%；最后是"子女随迁和就业就学""交通条件""社会保障""信息化程度""社区环境"和"其他"，均为 0。但与此形成对照的是，面对同一问题，来自浙江省科技型企业的 123 名科技人员的选择略有不同。他们对"引进和留住数字人才之条件"的重要性进行排序，在重要程度的排序上，选择最多的同样是"工资待遇"，占 15.8%；第二是"住房待遇"，占 12.5%；第三是"工作环境"，占 12.0%；第四是"发展机会"，占 10.2%；第五是"子女随迁和就业就学"，占 8.1%；第六是"交通条件""社会保障"，分别各占 7.4%；第七是"税收等优惠政策"，占 6.9%；第八是"贡献奖励措施"，占 6.7%；第九是"社区环境"，占 6.2%；第十是"信息化程度"，占 5.8%；最后是"其他"，占 1.2%。调查结果说明，企业和人才的选择基本上还是吻合的。

被调查的科技人员中，对"您有职业危机感吗"的回答，选择"有一些"的最多，有 69 人，占 56.1%；第二是选择"基本没有"的，有 28 人，占 22.8%；第三是选择"很强烈"的，有 21 人，占 17.1%；第四是选择"没想过"的，有 3 人，占 2.4%；最后是选择"一点也没有"的，有 2 人，占 1.6%。

被调查的科技人员中，对"在待遇方面贵公司为您办理了哪种保险"的回答，选择"基本养老保险"的最多，有 83 人，占 67.5%；第二是选择"基本医疗保险"的，有 21 人，占 17.1%；第三是选择"失业保险"的，有 11 人，占 8.9%；第四是选择"其他险种"的，有 5 人，占 4.1%；最后是选择"工伤保险"的，有 3 人，占 2.4%。说明目前浙江省科技型企业数字人才的社会保险覆盖率、水平还不够高，还没形成全覆盖，而缺乏保障制度支持是影响数字人才发挥积极性和主动性的限制因素之一。

（四）浙江省科技型企业的管理者和科技人员期望政府制定哪些数字人才激励政策和措施？

目前获取关于数字人才政策更新的常用渠道有哪些？ 79 家科技型企业的管理者在常用程度的排序上，选择"上网查阅"的最多，第二是"政府的政策宣传"，第三是"当地相关部门咨询"，第四是"新闻媒体"，最后是"其他"。

目前对浙江省现行数字人才政策的了解程度，企业管理者选择"完全了解"的有 2 家，占 2.5%；选择"基本了解"的有 37 家，占 46.8%；选择"一般"的有 33 家，占 41.8%；选择"不太了解"的有 7 家，占 8.9%；选择"不了解"的为 0。

对浙江省现行数字人才政策与相关举措的满意程度，企业管理者选择"很满意"的有 3 家，占 3.8%；选择"基本满意"的有 49 家，占 62%；选择"一般"的有 24 家，占 30.4%；选择"不太满意"的有 3 家，占 3.8%；选择"不满意"的为 0。说明"基本满意"和"很满意"的企业还是多数，"不太满意"和"不满意"的企业很少。

浙江省在科技型企业数字人才政策中存在的主要问题，企业管理者对选项在突出程度的排序上，选择"数字人才政策不多"和"数字人才流动机制不健全"的最多，二者均分别有 23 家，各占 29.1%；第二是"数字人才政策力度不够"，有 18 家，占 22.8%；第三是"用人机制不活"，占 11.4%；第四是"数字人才政策落实不力"，占 3.8%；最后是"其他"，占 3.8%。

在浙江省科技型企业数字人才队伍建设方面主要需要政府支持的制

度有哪些？企业管理者对选项在重要程度的排序上，选择最多的是"建立完善的数字人才服务体系"，占35.4%；第二是"建立区域数字人才信息系统"，占27.8%；第三是"完善社会保障体系"，占16.5%；第四是"完善数字人才评价体系"，占11.4%；第五是"放宽单位用人自主权"，占8.9%；最后是"其他"，占3.8%。

改善浙江省科技型企业数字人才环境的主要因素有哪些？企业管理者对选项在重要程度的排序上，选择最多的是"政府制定一系列吸引、稳定数字人才的优惠政策，提高数字人才待遇"，占40.5%；其次是"培育大批有实力的企业、高校和科研机构，让数字人才有个能更好发挥作用的平台"，占35.4%；再次是"制定一套选拔、培养数字人才的有效机制，让数字人才能看到自己今后发展的前景"，占24.1%；最后是"其他"，占3.8%。

第五章 数字经济下浙江省高层次数字产业人才结构调整策略

数字经济已经显著改变了我国固有的经济形态，数字产业在这一时代背景下逐渐涌现，企业也纷纷朝着数字化方向挺进，一些企业已经完成了数字化转型，而更多企业正处于数字化转型的过程中，这也表明我国经济发展上升到了历史新高度。浙江省作为我国数字经济发展大省，数字产业规模的发展速度极快，是我国数字产业发展的典范，这显然离不开高层次数字产业人才所贡献的无穷力量，但是面对浙江省未来数字经济发展和数字产业的全面升级，高层次人才结构必然要做出针对性的调整。其间，学科领袖人才、技术领军人才、高级管理人才、产业后备人才必然成为高层次数字产业人才结构的基本组成部分。

第一节 学科领袖人才：人才结构的首要组成

从人才结构的基本组成来看，学科领袖人才往往是最基本的结构组成，其作用就是推动学科创新和发展，引领其学科的未来发展方向，他们是所在领域研究与实践成果不断取得新突破的"领头羊"。这不仅要求该结构人才具备较强的领袖才能，还要求其具备较为突出的攻坚克难能力与素质。图 5-1 直观体现了该人才结构的基本构成要素。

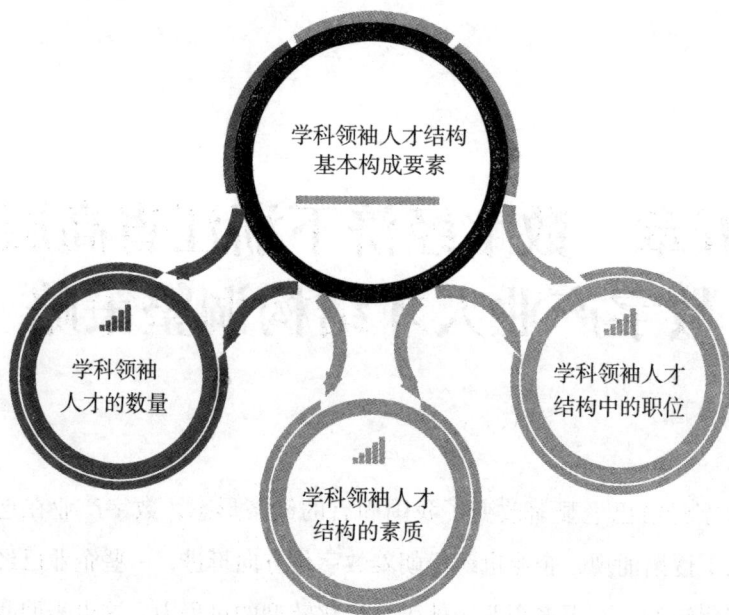

图 5-1　浙江省高层次数字产业学科领袖人才结构基本构成要素

面对未来浙江省数字产业发展的新需要，高层次学科领袖人才的结构调整不仅要在数量上做到精准把控，同时要立足其他视角做出有效调整。下面就从数量、素质、职位方面，对该人才结构最为合理的结构性特征做出具体阐述。

一、学科领袖人才的数量

从人才结构的重要性和稳定性出发，人才数量往往能起到一定的影响作用，数量越多说明人才结构本身的重要性越强，稳定性相对较为突出。在考虑学科领袖人才在浙江省高层次数字产业人才结构中的作用时，他们的作用、意义、价值是不可忽视的，所以必须将其视为浙江省高层次数字产业人才结构的最顶端。人才数量是否合理关乎该人才结构是否需要进行有效的优化，而衡量该结构人才数量的合理性应主要从优势互补性、层次布局合理性以及与需要的匹配性三方面入手。

（一）学科领袖人才的优势互补性

学科领袖人才的互补性是客观反映该人才结构中人才数量是否达到标准以及是否超过理想状态的一项重要指标。如果实现了学科领袖人才的优势互补，可以证明该人才结构正处于合理的状态；如果优势不能实现互补，甚至存在闲置状态，就说明应该进行有针对性的人才引进，或者将其纳入学科领袖人才储备序列之中，以使浙江省数字产业始终保持最为理想的发展状态，数字经济也能向预定发展目标前进。

1. 明确学科领袖人才在数字产业各个领域的分布

从浙江省数字产业发展的总体现状来看，目前已经涉及大数据、云计算、工业控制、可穿戴智能设备制造等多个领域，并且很多领域都建立了数字公关工程，不仅数字产业发展前景极为明朗，数字经济发展大环境也极为理想。这也意味着，在数字产业的发展道路上，学科领袖人才要积极发挥出强有力的领袖作用，真正带领高层次人才不断攻坚克难，推动数字产业始终保持创新发展的态势。但最重要的还是要充分考虑到学科领袖人才是否能够广泛分布于不同领域，学科领袖人才只有广泛分布于不同领域才能为其优势能力保持高度互补创造理想前提。

2. 确定各领域学科领袖人才优势能力的互补性

在明确各领域学科领袖人才在各个区域和各个领域的分布情况的基础上，要针对其领袖能力的互补性做出明确的分析，其中包括决策能力、攻关能力、组织协调能力等。在经过系统分析并获得具有客观性的结果的基础上，要进行有效调整，确保各区域和各个领域的学科领袖人才能够实现高度覆盖，还能做到优势能力之间保持高度互补，由此让学科领袖人才结构具有较强的稳定性。

（二）学科领袖人才层次布局的合理性

人才结构内部的层次布局是否合理，能够客观说明人才结构中的人才数量能否达到发展要求，所以浙江省在进行数字产业人才结构优化与调整工作中，要确保学科领袖人才结构中的人才数量高度充足，就必须对其层次布局的合理性加以明确，同时要定期就其合理性做出系统分析，由此为学科领袖人才始终能够满足浙江省数字产业发展所提出的要求提供重要保证。

1. 明确学科领袖人才的主要层次布局

职称、学历、工作经验三项无疑是学科领袖人才层次布局关注的重点，必然要形成高低衔接之势，让学科领袖人才结构内部在职称、学历、工作经验方面拥有极大的上升空间，从而为学科发展需要提供更多的后备力量。浙江省数字产业人才结构优化之路中，学科领袖人才内部结构层次布局的高度合理显然也是必然要求，依托上述三方面有效进行层次布局是最为理想的出发点。

2. 分析学科领袖人才层次布局的合理性

在明确浙江省数字产业学科领袖人才内部层次构成的基础上，还要就层次布局的合理性不断做出系统性分析。其中，不仅要结合浙江省数字经济发展的总体趋势和现实要求，还要立足各区域数字经济发展的基本动态和学科领袖人才的需求情况，由此对现有的学科领袖人才层次布局进行深入分析，根据分析结果做出系统化调整，明确处于哪一层次的人才需要引进，处于哪一层次的人才需要划入战略储备之中，以此让实现科学而又精准地控制学科领袖人才数量这一目标拥有极为有力的依据。

（三）学科领袖人才数量与需要的匹配性

从作用和价值角度来看，学科领袖人才的作用主要体现在能够带领高尖端人才不断实现科技成果和产品开发理念的持续创新，其价值在于能够精准把握学科未来发展的方向，关注的视角更加具有前瞻性。对此，在数字经济背景之下，浙江省高层次数字产业人才结构的基本构成中，学科领袖人才必须处于结构的顶峰，并且要确保学科领袖人才数量与未来学科发展的需要始终保持高度匹配。具体主要包括数量统计与匹配度分析两方面。

1. 明确区域学科领袖人才需求的数量

从当今浙江省数字产业发展的整体局面来看，"中心聚集"和"多点开花"的局面非常明显，这也是当前浙江省数字经济发展所取得成就的具体说明。随着时代发展脚步的不断加快，要确保浙江省数字经济长期处于全国前列，就需要学科领袖人才在各个领域都能够充分发挥出对科研方向的指向力与洞察力。对此，要求学科领袖人才需求量处于不断上升的状态，这也是浙江省高层次数字产业人才结构调整所要面临的一项严峻挑战。

2. 准确分析现有学科领袖人才与需求数量的匹配度

现有人才能否满足未来发展的需要，显然决定了未来发展的动力是否强劲。为此，在各个领域的发展之路中，有效分析现有人才数量与未来发展需求的匹配度就成为必须关注的焦点。数字经济背景下的浙江省数字产业发展之路更是如此，现有学科领袖人才数量与未来需求能否高度匹配，自然成为高层次人才结构调整所关注的重点。其中，既要对现有具备学科领袖气质和能力的人才数量进行统计，还要对未来发展的人才需求数量做出客观预估，由此有效调整人才引进和储备的数量，确保学科领袖人才的数量能够成就浙江省数字产业规模的不断扩大，为浙江省数字经济的全面发展提供充足的原动力。

二、学科领袖人才结构的素质

素质过硬是鉴定学科领袖人才的重要条件之一，也是学科领袖人才成就未来发展所要面对的基本要求。所以，著者认为依托素质层面有效进行浙江省数字产业学科领袖人才内部结构调整极为必要，这是确保该人才结构更趋稳定并推动浙江省数字产业规模不断扩大的基本动力条件，具体主要包括明确学科领袖人才结构的素质构成和特征两方面。

（一）学科领袖人才结构素质的基本构成

学科领袖人才在时代发展中肩负着重要使命和责任，所以素质过硬就成为各个时代对学科领袖人才提出的一项基本要求。基于此，在数字经济背景下，浙江省在对高层次人才结构进行调整时，必须将学科领袖人才结构视为重点关注对象，而首先要明确的是学科领袖人才结构的素质构成，确保人才结构调整的合理性更为突出。

1. 品德结构与知识结构

学科领袖人才必须具备的基本素质就是经得起考验的品德以及高度完善的知识结构，原因在于这两项基本素质是其思想价值观念的具体表现。对浙江省数字产业学科领袖人才而言，其高层次最为根本的体现就是自身道德品质较高，知识结构极为系统，能够全身心投入数字产业未来发展之中，所以品德结构与知识结构也是学科领袖人才进行结构性调整的重要视角之一。

2. 智能结构与专业结构

所谓的"智能结构"就是指知识运用能力和根据经验解决问题的能

力，而"专业结构"主要是指能够从内行的角度进行有效管理，因此它们也是学科领袖人才必须具备的两种重要素质。在数字经济背景下，浙江省数字产业发展需要更多专业人才去做极为专业的工作，更要有能力过硬的学科领袖人才从中为其指引方向，所以智能结构与专业结构是否合理，就成为学科领袖人才结构能否进行有效优化与调整的一个重要突破口。

3. 气质结构

学科领袖人才的气质决定了在学科发展过程中能否将其领袖作用淋漓尽致地发挥出来，如果答案是肯定的，必然能够带领众人不断攻克学科研究中遇到的各种困难，反之不然。为此，气质结构就成为学科领袖人才进行结构性调整的关注点之一。数字经济下浙江省高层次数字产业人才结构调整也是如此。其间，要围绕胆汁型、多血型、黏液型、抑郁型等科学标准，关注成员的配比组合情况，有针对性地进行相关气质类型成员数量的调整，由此确保学科领袖人才内部结构的高度科学合理，领袖气质成就领袖的作用与作风完美呈现，带领全体成员全面推动浙江省数字经济发展。

（二）学科领袖人才结构素质的基本特征

学科领袖人才素质的基本特征，能够反映出该人才结构能否做到不同素质构成的学科领袖人才保持高度兼容，也能客观展现出该人才结构能否适应不同时代对学科领袖人才结构所提出的具体要求。下面就对学科领袖人才结构的素质的基本特征做出明确阐述，以说明学科领袖人才结构的素质特征能够成为有效调整该人才结构的重要依据。

1. 整体性与相关性特征

学科领袖人才结构中，最为明显的体现就是将不同素质构成的领袖人才集中起来，使其彼此相互影响，进而将领袖的才能与作用共同发挥出来，引领学科未来的发展。在此过程中，领袖人才不同的领袖才能和作用之间形成强大的合力，最终体现学科领袖人才结构的高效能。对此，浙江省在高层次数字产业人才结构调整过程中，应该将人才结构中所具备的整体性与相关性特征是否明显作为一项重要的鉴定指标，从而有效地对学科领袖人才结构进行优化。

2.适应性、稳定性、目的性特征

学科领袖人才结构是否能助力学科领域长期保持又好又快发展，一个重要的观察指标就是此人才结构能否适应时代发展大背景，以及其结构的稳定性是否较强、目的性是否较为突出。如果上述答案均为肯定，必然会促使学科未来发展始终处于又好又快的状态，反之不然。为此，浙江省高层次数字产业人才结构调整必然要将其视为重点关注对象，并以此为依据有效地进行学科领袖人才结构的优化与调整。

三、学科领袖人才结构中的职位

职位的高低往往并不能说明学科领袖人才在某一领域能否发挥领袖才能，但是职位分布是否广泛以及学科领袖人才能否处于核心部门，显然会影响学科领袖人才能否发挥领袖才能。为此，浙江省在高层次数字产业人才结构调整策略中，在对学科领袖人才进行结构优化时应将其部门与职位两方面因素纳入结构调整的依据之中。

（一）学科领袖人才结构中的部门设置

部门设置是评价人才结构合理性的又一重要指标，其原因在于在不同领域中，每个部门都发挥着至关重要的作用，部门与部门之间的协同就是人才之间协作，所以部门设置的合理性能够在一定程度上反映出人才结构的合理性。

1. 学科领袖人才结构中所涉及的主要部门

从数字产业发展角度分析，涉及的行业主要包括四个：一是电子信息制造业，二是电信业，三是软件和信息技术服务业，四是互联网业。每个行业都必须包括产品设计、产品研发、产品生产、产品推广四个领域，每个领域必然都要有学科领袖人才坐镇，由此方可引领企业甚至行业的未来发展，最终确保数字产业引领数字经济发展。学科领袖人才结构需设置的主要部门必须与这四个领域相对应。

2. 学科领袖人才结构中所涉及的核心部门

在产品设计、产品研发、产品生产、产品推广四个部门中，产品设计和产品研发两个部门无疑是核心部门，因为产品设计理念和研发方案的科学性是新产品产生的先决条件，需要不断进行设计理念的创新和科研攻关。学科领袖人才必须审时度势，准确判断未来产品需求的总体走向，并带领团队进行科研攻关活动，进而确保产品本身能够满足目标市场的广泛需求，从而推动数字产业始终保持又好又快的发展态势。为此，学科领袖人才结构中所涉及的主要部门与核心部门结构是否合理，就成为数字产业学科领袖人才结构调整的重要立足点。

（二）学科领袖人才结构中的职位设置

毋庸置疑，学科领袖人才作为各领域发展的"稀缺资源"，必须处于各个领域的核心职位上，由此才能确保领袖才能充分发挥出来。就数字经济背景下的数字产业人才结构调整而言，学科领袖人才结构中的职位设置至关重要，故完全可以将其视为该人才结构调整的重要立足点之一。

1. 学科领袖人才所处的职位划分

从产品设计、产品研发、产品生产、产品推广四个部门来看，学科领袖人才所处的职位通常包括产品设计总监、产品研发总工程师、企业营销总监等，这些普遍都是企业架构中的核心岗位，是企业经营活动各个领域的决策岗位。为此，在数字产业学科领袖人才结构优化与调整中，可根据学科领袖人才所处的职位，衡量其人才结构的合理性，并有针对性地进行结构性调整，力保学科领袖人才始终处于数字产业发展的核心职位，引领数字产业发展的潮流和方向。

2. 学科领袖人才的职位与时代发展的匹配程度

学科领袖人才不仅是某一领域发展的"领航员"，更是该领域发展的重要决策者。数字产业作为我国新兴产业之一，在各个领域发展中虽然不断有新成果的产生，并且取得了一系列成就，但是在未来依然还有很长的路要走，所以学科领袖人才的职位与时代发展的匹配程度关乎着数字产业未来发展前景。对此，浙江省在高层次人才结构调整策略中，必须立足职位与时代发展的匹配程度对学科领袖人才结构的有效调整进行客观评价与分析，评价结果将是有效进行结构调整的有力依据。

综合本节所阐述的观点，不难发现在数字经济背景下，浙江省高层次数字产业人才结构调整中，学科领军人才是结构最顶端的部分，其发挥的作用和体现的价值巨大，对其内部结构的合理性必须高度重视。但是，切实做到对其结构进行科学调整实非易事，需要在多个方面不断地进行分析与探索，由此方可实现该人才结构的高度科学化与理想化。

第二节　技术领军人才：人才结构的核心基础

技术领军人才是创造"中国奇迹"的重要力量，也是托举"强国梦"的中坚力量。数字经济是我国经济高质量发展的新形态，数不胜数的企业在数字经济背景下进行数字化转型，不仅成就了我国数字产业规模的不断扩大，更推动了我国数字经济的飞速发展。其间，技术领军人才的贡献巨大，浙江省数字产业发展之所以能够取得当前的辉煌成就显然也离不开他们。图 5-2 直观呈现了浙江省高层次数字产业技术领军人才结构调整的重要依据。

图 5-2 浙江省数字产业技术领军人才结构调整依据

通过图 5-2 可以看出，立足未来浙江省数字产业发展之路，技术领军人才结构的调整必须呈现出极高的标准和要求，由此才能确保人才结构始终保持高质量。因此，浙江省在进行高层次数字产业人才结构调整过程中，必须高度重视技术领军人才结构的科学调整，下文从三个方面做出论述。

一、绩效考核作为有力保证

"绩效考核"是管理学中的专有学术名词，是指在工作目标和绩效标准高度确定的基础上，采用科学的考核方式，对考核对象工作完成、职责履行、职业发展情况等方面做出客观评定的全过程。评定结果能充分说明考核对象的现实状况，所以可以作为人才结构调整的一件"利器"。因此，浙江省在高层次数字产业人才结构调整策略中，在对技术领军人才结构进行科学优化与调整时，完全可以将绩效考核作为重要手段。具体操作主要包括三方面。

（一）工作目标和绩效标准的确立

从绩效考核的全过程出发，明确工作目标和制定绩效标准是首要环节，是后续绩效考核工作有序进行的重要前提条件，也是一名合格的管理者与带头人必须具备的一项工作能力。数字产业技术领军人才更要具备该能力。因此，在进行浙江省高层次数字产业人才结构调整过程中，应将确立工作目标和绩效标准作为两项重要考核视角，考核结果也能为有效调整该人才结构提供重要的信息支撑。

1. 工作目标的确立

在数字产业发展过程中，各个领域实现创新发展都必须不断进行技术层面的攻关，技术领军人才显然要首当其冲，肩负起攻坚克难的重任，这是每一位合格的技术领军人才必须具备的职业素养，更是日常工作中的基本目标。对此，在调整技术领军人才结构过程中，必须将能否正确树立工作目标作为一项重要的考核内容，从而结合考核结果有效做出人才结构的相关调整，确保技术领军人才时刻明确工作目标，并且坚定不移地为之努力奋斗。

2. 绩效标准的制定

从数字产业各个领域所要攻克的技术难关来看，评价技术领军人才是否具备相关能力往往不能只从定量的层面制定绩效标准，还要从定性的角度完善其绩效标准，由此才能确保绩效考核的结果能够客观反映技术领军人才能否胜任其岗位，能否将其应有的作用充分发挥出来。对此，在进行浙江省数字产业技术领军人才结构调整过程中，要制定定量与定性相结合的绩效标准，对技术领军人才的综合能力、价值观念、道德品质进行全面评价，并将评价结果作为有效优化与调整该人才结构的重要依据。

（二）选择科学的考核方式

从绩效考核实施流程出发，明确绩效考核最有效的方式是至关重要的一环，如果所选择的方式不适用，必然会导致绩效考核结果不能反映现状问题，各项决策的制定也因此会出现偏差。对此，浙江省在高层次数字产业人才结构调整策略中，在利用绩效考核的手段调整该人才结构时必须科学选定考核方式。采用以下两种绩效考核方式能够取得较为理想的效果。

1. 图尺度考核

该绩效考核方式具有一定的基础性，并且在管理学领域的应用中也具有极强的普遍性，其具体的操作是通过图尺度表填写打分，从而将绩效考核的结果客观体现出来。该绩效考核方式的操作过程具有便捷性，所以适用于各个领域的绩效考核活动。浙江省在高层次数字产业人才结构调整过程中，对技术领军人才结构的优化与调整可采用该绩效考核方式获取考核结果，并可视其为该人才结构调整的重要依据。

2. 关键事件考核

该绩效考核的方法具有一定的代表性，是指针对考核对象的某一关键行为或者关键行为的结果，对其绩效水平进行考核，从而反映出考核对象在面对重大项目或关键时刻解决问题的能力。考核期间，需要不间断地对其行为进行详细记录，并定期将其记录情况反馈至考核对象手中，共同就其记录情况进行探讨，从中明确绩效水平。浙江省数字产业技术领军人才必须具备处理应急事件和关键技术攻关的能力，所以在进行该人才结构调整过程中，完全可以将这一考核方式作为重要的选择。

（三）评定技术领军人才的工作完成、职责履行、职业发展情况

从绩效考核的全过程出发，工作完成、职责履行、职业发展情况的

评定无疑是最后一环，也是客观认知考核对象绩效水平的一环，能够为人才管理决策提供更为客观、准确的依据。因此，浙江省在高层次数字产业人才结构调整策略构建中，在调整技术领军人才结构时必须将工作完成、职责履行、职业发展情况评定结果作为重要依据，确保技术领军人才在浙江省数字产业和数字经济发展中的作用与价值达到最大化。

1. 工作完成情况的评定

针对技术创新攻关项目研究进度、新技术的开发进度等多方面，通过定量与定性相结合的方法，对其进行有效评定，反映出技术领军人才日常工作效率，并将其记录结果反馈至评定对象手中，与之共同探讨工作完成情况，同时对其绩效水平做出客观评定。最后以此为依据，有效进行技术领军人才结构的科学调整，展现调整策略的说服力。

2. 职责履行情况的评定

技术领军人才是实现技术创新的领导者，肩负着重大的责任与义务。在数字经济飞速发展的今天，数字产业各个领域都需要技术领军人才不断进行技术攻关和新技术研发，所以技术领军人才的责任感与使命感直接影响数字产业未来的发展规模，并且直接作用于数字经济发展进程。故而，浙江省在数字产业人才结构调整中，对技术领军人才结构进行调整时必须重视职责履行情况的评定结果，并将其视为重要依据，以此确保该人才结构调整策略的客观性与科学性。

3. 职业发展情况的评定

技术领军人才是某一领域实现技术水平飞升的"火车头"，必须具有强大的带动力，所以各个领域的技术领军人才必须不断强化自身技术攻关能力，不断实现自我突破，坚定成就自身最终梦想的信心与决心。为此，在数字经济背景下的数字产业技术领军人才结构调整战略中，必须针对人才的职业发展情况进行绩效评定，并将其视为该人才结构调整的一项重要依据，确保该技术人才结构始终能够为浙江省数字产业规模不断扩大，以及本身数字经济飞速发展服务。

二、激励政策作为动力条件

从激励政策与人才结构调整之间的关系来看，激励政策无疑是重要的基础，也是重要的支撑条件。因为只有不断完善激励政策，才能确保更多的高层次人才进入产业发展之中，并为之不断贡献自己的力量。因此，对数字产业技术领军人才结构调整策略而言，应将激励政策所发挥的作用以及人才政策响应程度作为必要的关注视角。

（一）数字产业技术领军人才激励政策结构与内容

政策激励是推动各领域全面引进和培养高层次人才的一项重要举措，更是有效进行高层次人才高质量管理的根本。为此，面对浙江省数字经济发展所开创出的新局面，数字产业技术领军人才的高质量管理自然要依托其激励政策，从中找到人才结构优化的新视角和新依托，这就要求要明确激励政策的结构与内容。

1. 高水平人才制度的全面创新

从当前浙江省数字产业人才发展政策角度来看，最具权威性的显然是《浙江省人才发展"十四五"规划》，其中明确指出要将"企业引才、高校留编、校企共享、政策叠加"作为数字产业高层次人才引进的主要渠道，并且强调政府加大数字产业科研经费的拨付力度，倡导企业之间科研成果广泛分享，让高层次人才能够获得极大的发展空间，同时在知识产权保护政策方面做到不断加强，力保有更多高层次数字产业人才愿意投身于推动数字经济全面发展的事业，更愿意为数字产业规模的不断扩大努力奋斗。为此，在浙江省数字产业技术领军人才结构调整过程中，可以将该政策方针作为重要依据，结合技术领军人才自由探索、潜心钻研的积极性和主动性进行客观评价，并将其视为数字产业技术领军人才结构调整的一个重要立足点。

2. 超常举措铸就高级人才培养平台

数字产业不仅已经成为浙江省经济发展的新生力量，更是全面推动浙江省经济发展的重要力量，其中人才管理特别是高层次人才管理的可持续性无疑发挥着决定性作用。为此，2021年，浙江省出台了《浙江省人才发展"十四五"规划》，政策中既强调了高层次人才的引进，又强调了高层次人才的培养，还强调了高层次人才的共享，这显然为高层次数字产业人才培养策略的创新提供了强有力的政策支撑，符合该政策支撑条件的高层次人才显然会拥有较大的发展空间，这也为有效调整数字产业技术领军人才结构提供了一个较为理想的契机。

（二）依托激励政策实现数字产业技术领军人才结构的科学调整

激励政策往往主要是对人才主观意识的激励，并帮助人才树立起正确的责任意识和价值观念。在进行人才结构调整过程中，必须正确看待颁布人才激励政策的最终目的。所以，浙江省在有效开展数字产业技术领军人才结构调整过程中，要将激励政策作为重要依托，从当下数字产业技术领军人才的响应程度，以及未来数字产业技术领军人才的依赖感两方面入手，使人才结构优化保持高度的科学性、合理性。

1. 立足当下，确定数字产业技术领军人才的激励政策响应程度

激励政策是刺激发展的先决条件，激励政策的提出通常会直接促进某一领域加快发展进程，并提升其质量。浙江省作为全国数字经济发展的

前沿阵地，所取得的辉煌成果显然与各项激励政策密不可分，高层次人才激励政策更是得到了人才的高度响应。对此，浙江省在数字产业技术领军人才结构调整过程中，应对当下数字产业技术领军人才的激励政策响应程度做出明确分析，将其作为有效进行数字产业技术领军人才结构调整的抓手之一，确保数字领军人才结构内部不仅在数量上极为充足，在激励政策上也保持较高的满意度，吸引更多人才全身心投入数字产业和数字经济发展中去。

2. 放眼未来，客观审视数字产业技术领军人才的激励政策依赖感

激励政策最直观的作用体现在于持久性的激励，确保人才在推动某一领域的发展中，能够始终保持积极性。但是不可否认的是，激励政策显然不能确保人才主动为某一领域的发展提供推动作用，往往只能发挥带动作用，长此以往人才过于依赖激励政策必然不利于某一领域的可持续发展，这就要求激励政策能够促使进人才自身的意识从被动逐渐转向主动。故而在进行数字产业技术领军人才结构科学调整过程中，数字产业技术领军人才的激励政策依赖感值得高度关注。

三、团队的优化组合为重要抓手

从数字产业发展角度看，技术领军人才是产业规模不断扩大的中坚力量，是各个领域攻克技术难关的关键性人才，技术创新的起点也源于技术领军人才。但毋庸置疑的是，每一项核心技术攻关都必须要有强大的技术团队作为重要支撑，团队人员构成的合理性、互补性、价值认同性起着关键的作用。为此，浙江省在探究数字产业人才结构优化策略时，可将其视为对技术领军人才结构进行科学调整的重要视角之一，关注的焦点主要有三个，如图 5-3 所示。

```
                          ┌─── 追求责任与利益的共存
               ┌─ 团队组合的 ─┤
               │   目标性    └─── 彼此的暗示与合理增压
               │
               │
技术领军人才 ──┤   团队组合的    ┌─── 成员个人目标的互补性
团队的优化组合  ├─  互补性   ──┤
               │             └─── 成员个人能力的互补性
               │
               │
               │  团队组合的思想  ┌─── 团队成员个人思想方向的高度一致
               └─ 与价值认同性 ──┤
                               └─── 团队成员价值观念的高度一致
```

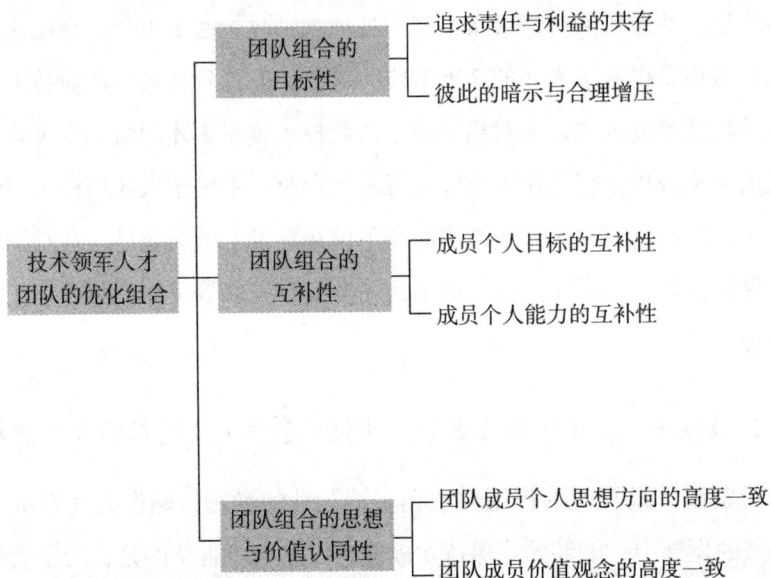

图 5-3 浙江省高层次数字产业技术领军人才团队优化组合能力评价内容与指标

面对浙江省未来数字产业飞速发展的大形势，技术领军型人才显然是人才结构优化过程中必须高度关注的对象，他们是否具备团队优化组合的能力自然成为评价人才结构合理性的一项重要指标，故而必须对团队组合的目标性、团队组合的互补性、团队组合的思想与价值认同性高度重视。

（一）团队组合的目标性

团队组合的目标能否做到高度明确，团队组合能否为了共同的目标不懈努力奋斗，是技术攻关工作能否顺利进行的最为根本的影响因素，而这一目的的达成往往需要团队技术领军人才发挥强大的目标引导以及方向指引作用。不具备这一素质的技术领军人才则要被排除在数字产业高层次人才序列之外，此种能力与素质较为突出、具有强大技术攻关能力的后备人才则要被补充进来，以最大限度地发挥该人才结构的作用与价值，浙江省数字产业技术领军人才结构的合理调整也是如此。

1. 追求责任与利益的共存

结合数字产业发展的根本动因，可以看出技术水平提升是最根本的推动力量，因此不断加快技术水平的提升步伐就成为数字产业技术研发部门每一位成员的根本责任与义务，同时其自身利益能够得到保障是他们最根本的目标。其间，技术领军人才需要有效调节团队和个人的责任与利益追求方向，由此保证技术攻关水平不断上升。这也是评价数字产业技术领军人才能力与素质达到标准的一项重要指标，更是有效调整该人才结构的有力依据。

2. 彼此的暗示与合理增压

从数字产业各个领域的技术攻关全过程来看，无论是在难度方面，还是在复杂性方面，都需要团队内部成员之间不断相互鼓励、相互暗示、相互给予压力，由此才能不断迸发出动力，为团队技术攻关最终成果的产生贡献出自己的一分力量。在此期间，技术领军人才的作用不仅仅体现在引领技术研发与创新的方向上，更在于为其提供有效的暗示和合理增压，让技术攻关团队的动力不断迸发出来，为最终的研发目标不懈努力奋斗下去。因此，浙江省数字产业技术领军人才是否具备这一素质，显然成为能否有效调整数字产业该人才结构的又一重要依据。

（二）团队组合的互补性

团队组合是否具备互补性是技术领军人才能否实现自身作用最大化的关键条件之一，只有构建互补性强的资深团队，才能够让技术领军人才带领团队取得技术层面上的创新与突破。故此，在进行数字产业技术领军人才结构调整时，应将团队组合的互补性作为一项重要指标，确保技术领军人才结构始终处于最优化，具体操作主要包括两方面。

1. 成员个人目标的互补性

技术领军人才之所以在数字产业和数字经济发展过程中至关重要，最根本的原因在于该类人才能够推动数字产业在其发展过程中不断取得技术创新，让产品的数字加工过程变得更加顺利，使其产品始终能与目标市场消费人群的切实需求保持一致。故此，技术研发工作成为技术领军人才日常工作的重点，团队技术攻关通常是取得技术成果的主要方式。然而在这一过程中，每个成员对研发成果的追求往往并不统一，但求真、务实、高效、精确往往是最为集中的表现，也正是其追求的主要目标，团队中共同存在这些技术研发目标显然是最理想的状态，这时在技术攻关过程中各成员也能最大限度发挥出各自的优势。所以，在浙江省数字产业技术领军人才结构调整过程中，成员个人目标的互补性可以作为有效调整其人才结构的关注视角之一。

2. 成员个人能力的互补性

个人能力的高低是决定团队发展能否持久的关键因素之一，成员之间的能力是否能够高度互补也是团队能否可持续发展的关键。数字产业领军人才在组建各自团队的过程中，要结合成员技术攻关能力的互补性，不断对其内部成员结构进行高度完善，由此打造出综合能力过硬的技术攻关队伍。故此，浙江省在数字产业技术领军人才结构的调整中，应围绕团队组合中成员个人能力的互补性，有针对性地调整其团队结构，确保技术领军人才能够获得更多有力的帮手，不断实现数字产业技术层面的创新与突破。

（三）团队组合的思想与价值认同性

思想统一、价值认同高度一致是各项研究成果产生的必不可少的条件，尤其是在数字经济迅猛发展、数字产业规模不断扩大的浙江省，各项技术的研发任重而道远。技术领军人才在组建技术攻关团队过程中，必须确保成员思想统一、价值认同高度一致，这也是评价技术领军人才的关键因素，所以完全可以将其作为有效调整数字产业技术领军人才结构的有力依据。

1. 团队成员个人思想方向的高度一致

人们在实践中已经对人的思想、意识、行为之间的关系进行了深入验证，即"思想决定意识，意识决定行为"。对团队建设而言，思想高度正确且高度一致显然是根本，由此才能保证团队内部的价值取向、责任意识、行为活动具有高度的一致性。就数字产业发展而言，我国无疑正在时代发展大趋势之下不断摸索，寻找着正确的前进方向，技术创新之路离不开团队的技术攻关。在此期间，成员个人的思想方向和思想高度能否保持高度一致，关键取决于技术领军人才能否发挥出强大的引导力和指向力，这也是在有效调整数字产业技术领军人才结构过程中，将团队组合的思想与价值认同性作为重要依据的有力说明。

2. 团队成员价值观念的高度一致

价值观念的实质就是判断事物发展过程与结果"对"或"错"的过程，取决于人的固有认知和理解事物形成的能力。就浙江省数字经济发展新局面的到来以及数字产业规模不断扩大的不争事实而言，广大数字产业技术领军人才必须意识到这是时代发展的必然，必须极力推动这一时代发展进程才能确保经济和产业的可持续性提升，这是广大相关从业人员必须具备的价值观念。故而，在探索有效调整浙江省数字产业技术领军人才结构的策略中，应将能否做到调整团队成员价值观念使其达到高度一致的状态作为一项重要指标，不具备该项能力必然要被产业发展所淘汰，要让具备该项素质的后备人才及时补充进来，力保数字产业技术领军人才不仅具备高度正确的价值观念，同时还具备调整团队成员价值观念的作用和能力。

通过本节的观点阐述，著者明确指出浙江省在数字产业技术领军人才结构调整与优化过程中，应高度关注绩效、激励政策、团队三方面，三者缺一不可，由此才能确保人才结构始终为促进数字经济发展和扩大产业规模提供有力的技术支撑。

第三节　高级管理人才：人才结构的重要组成

所谓"高级管理人才"，是指具有统筹职责范围内一切工作活动，针对各种工作事务做出准确决策，并严格执行各项工作要求的管理型人才。正所谓"主将无能，累死三军"，高级管理人才是各个领域极为稀缺的人才，在当前浙江省数字产业发展中也是如此。故而，浙江省在数字产业人才结构优化中，必须将高阶管理人才作为人才结构的重要组成部分。该人才结构调整策略的制定应从以下三方面入手。

一、具备有效沟通和执行能力

与沟通对象始终保持有效的沟通，及时了解其内心动态并完成领导所交付的具体任务，是优秀管理人才尤其是数字产业高级管理人才必须具备的素质和能力。对此，浙江省在数字产业高级管理人才结构调整过程中，要将其视为重要的关注视角，确保每个高层次人才都能将作用与价值最大限度地发挥出来，为浙江省数字经济与数字产业又好又快发展提供强大的推动力。

（一）有效选择沟通的话题

"沟通"是管理工作的开始，并且会一直伴随管理工作运行的全过程，是管理工作高质量开展的必要保证。为此，浙江省在数字产业高级管理人才结构有效调整过程中，必须将沟通能力作为一项重要的考核内容，确保高级管理人才有扎实的基础能力。其间，有效选择沟通的话题则是最为基础的内容，此种能力主要由以下两项构成。

1. 正确地引入沟通话题

众所周知，在与沟通对象进行话题沟通的过程中，"直入主题"的方式是一种禁忌，极容易让沟通对象产生反感，所以要通过较为委婉的方式逐渐引入沟通的话题，形成一个话题带入的过程，这样的沟通往往会拥有一个良好的开端，也为沟通效果趋于理想化奠定基础，这是高级管理人才必须掌握的一门沟通技巧，更是全面确保各项工作能够顺利开展的基础条件。因此，是否普遍掌握这一技能，是数字产业高级管理人才结构有效调整的关注视角，更是该结构人才最大限度发挥作用的根本保证。

2. 合理地选择沟通话题

在与沟通对象进行有效沟通的过程中，话题是否敏感将直接影响沟通对象对内心真实想法的坦露程度，同时也关乎沟通对象是否能保持良好的情绪，以及最终是否能营造出理想的沟通氛围。所以，各领域管理岗位工作人员在与沟通对象进行密切沟通的过程中，必须善于找到有效的沟通话题，避免话题敏感，同时要将沟通的主题客观展现出来。这也是高级管理人才必须具备的一种基本能力，浙江省数字产业高级管理人才显然也不例外。因此，合理选择明确沟通话题的能力应被视为人才结构调整的客观依据之一，只有在理想的沟通氛围中，数字产业各个领域中的各项工作才能顺利开展。

（二）获得沟通对象的认同感

在管理岗位中，有效的沟通不仅要拥有理想的开端，还要有理想的过程和结果，这样与沟通对象进行的沟通才真正有效。上面已经针对其开端进行了明确的论述，接下来就立足沟通的过程与结果对高级管理人才必须具备的沟通能力做出概括。获得沟通对象的认同感是其中的关键，以下阐明将其认定为高级管理人才结构调整重要依据的基本原因。

1. 个人观点具有说服力

真正让沟通对象认同自己的观点并将其采纳，需要管理者所阐述的观点极具说服力。其间，管理者必须能够对实际状况产生的背景做出系统分析，并且对其发展的一般规律和最终必然会形成的结果做出判断，还要对能够改变当前实际状况的可行性方案做出明确表述。这样可以让沟通对象意识到现状产生的缘由、过程、结果以及解决方案，缜密的思路必然会受到沟通对象的高度认可，各项管理事务中出现的问题也会迎刃而解。浙江省数字产业高级管理人才必须具备这一基本能力。

2. 能够站在沟通对象的角度思考问题

站在他人的角度去思考问题，予以理解的同时为之提供最佳的解决方案往往是管理者有效实施管理措施最为高级的表现，通常众人也将其视为"高情商"的一种具体表现。就浙江省数字产业飞速发展的现状而言，有效协调各方全面开展各项活动，最终确保产业内部企业能够实现跨越式大发展是每一位管理者必须肩负的重要任务和使命，协调过程中的沟通也必不可少，真正做到站在沟通对象的角度思考问题，并且有效解决问题是每一位高级管理人才必须具备的能力。对此，将其作为高级管理人才结构调整的依据自然至关重要。

（三）坚决执行有关领导所赋予的任务和制定的决议

执行力作为高级管理人才必须具备的又一项基本能力，是确保各部门之间能够保质保量、按时完成工作任务的关键。因此，浙江省在数字产业高级管理人才结构调整中，必须立足能否坚决执行有关领导所赋予的任务和制定的决议，对人才结构做出针对性的调整，以此来保障企业完成数字化转型和数字化发展的质量。

1. 高标准执行领导所赋予的任务

从管理岗位最主要的工作内容来看，信息的上传下达、各项工作的监督与评价、组织与协调各项事务的全面开展是工作内容的总体概括，高标准、高质量、高效率地将其完成，是每一名合格的管理者必须具备的职业能力之一。在浙江省数字经济飞速发展和数字产业规模不断扩大的今天，高级管理者必须具备高质量完成上述工作内容的能力，由此才能确保数字产业各个领域能够始终保持良好的运行状态，最终实现持续又好又快发展的目标。基于此，必须把高级管理人才能否做到高标准执行领导所赋予的任务作为数字产业该人才结构优化的基本依据。

2. 严格执行上级部门所制定的各项决议

各项决议的制定终究要付诸实践，否则决议就只能是纸面意义上的决议，并不具备时效性，而真正将决议转化为实际行动的主体显然是管理部门的工作人员。因此，严格执行上级部门所制定的各项决议，就成为高质量管理人员必须具备的一项职业品质。所以，浙江省在进行数字产业高级管理人才结构调整时，应将严格执行上级部门所制定的各项决议作为重要标准，力求数字产业各个领域始终处于高效发展的状态。

二、具备汇聚高层次人才的能力

从管理工作的基本任务组成角度分析，汇聚高质量人才自然是不同背景下管理工作的重要组成部分之一，其重要性不言而喻，而这也对当今浙江省数字产业高级管理人才提出了新的要求和挑战。在高层次管理人才的认定标准中，就包括是否具备汇聚高层次人才的能力，并以此为依据进行数字产业高层次管理人才结构的有效调整，其效果必然能够推动浙江省数字产业发展规模的不断扩大，促使浙江省数字经济发展步伐不断加快。图5-4展示了浙江省高层次管理人才的人才汇聚能力评价内容与指标。

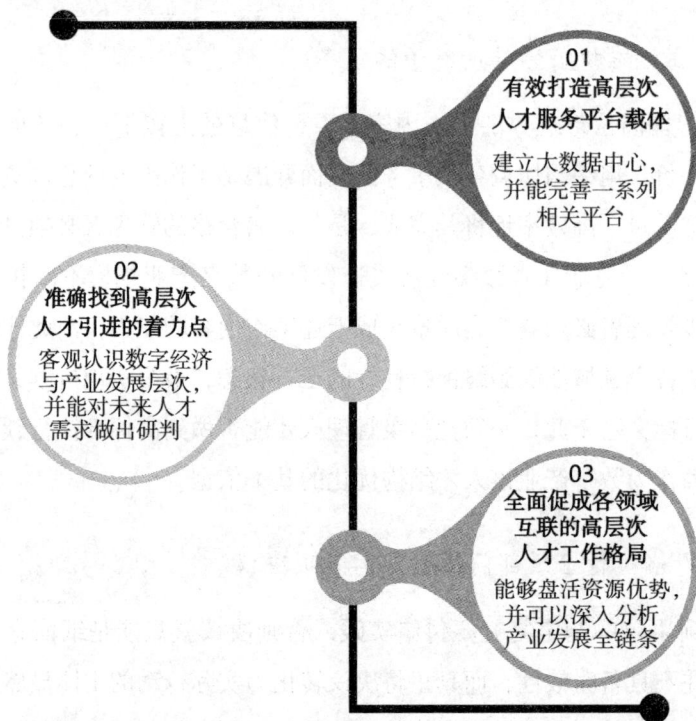

01
有效打造高层次
人才服务平台载体
建立大数据中心，
并能完善一系列
相关平台

02
准确找到高层次
人才引进的着力点
客观认识数字经济
与产业发展层次，
并能对未来人才
需求做出研判

03
全面促成各领域
互联的高层次
人才工作格局
能够盘活资源优势，
并可以深入分析
产业发展全链条

图 5-4　浙江省高层次管理人才的人才汇聚能力评价内容与指标

如图 5-4 所示，随着浙江省数字产业发展步伐的不断加快，高层次管理型人才所必须具备的能力中，广泛汇聚人才为我所用的能力是至关重要的一项，而评价该能力的主要内容与指标必须具有高度科学性和完善性。由于图片内容量的限制，并不能明确体现其具体原因，因此在下面的论述中，对其原因做出具体分析。

（一）有效打造高层次人才服务平台载体

人才服务平台无疑是有效进行人才引进与管理的理想载体，也是全面提高各领域人力资源管理水平的"法宝"之一。所以，在数字经济背景下，浙江省在数字产业高级管理人才结构调整中，应该针对其能否有效打造高层次人才服务平台载体进行人才结构调整，确保高级管理人才所具备的职业能力与该省数字产业发展的新要求高度一致。

1. 建立大数据中心

高级管理人才必须具备建立人才管理数据库和企业数据库两项新能力，确保数字产业人才引进与使用的状态能够得到系统性呈现，如人才的基本情况、履职情况、培训情况等。同时，企业发展的现实情况能够通过数据走势充分反映出来，对其与区域数字经济和数字产业发展总体形势进行对比，从中找出存在的差距与优势，有利于提高人才引进的效率，增强人才更迭的及时性与合理性，满足浙江省各区域数字经济与数字产业发展大形势的切实需要。

2. 打造信息发布中心、人才服务平台、大数据分析平台

（1）信息发布平台的打造。高级管理人才必须具备建立新闻发布、政策咨询与分析、公告与通知、创新指南模块的能力，并且能够实时公布、更新信息，确保管理对象能在第一时间查看到数字产业发展动态，了解数字经济发展的局势。

（2）人才服务平台的打造。高级管理人才必须具备通过信息服务的形式极大程度满足管理对象工作与生活两方面具体需要的能力，并让管理对象感受到企业管理者在工作与生活中无微不至的关怀，增加对企业的依赖感，同时增强自身的职业奉献意识，进而加快数字产业和数字经济发展的步伐。

（3）大数据分析平台的打造。针对数字产业发展的各领域，高级管理人才应具备及时采集数据、有效分析数据，并根据获得的数据分析结果进行更深层次的挖掘，最终将其以人性化的图表形式通过信息发布平台传递到管理对象手中的能力。

上述三项能力是数字经济时代背景下，数字产业高级管理人才必须具备的三项重要能力，是浙江省数字产业高级管理人才结构调整的重要抓手。

（二）准确找到高层次人才引进的着力点

面对浙江省数字经济发展新形势以及数字产业飞速发展的新局面，何种人才需要大力引进，何种从业人员需要及时淘汰，何种人才需要为之提供进一步提升的空间，是摆在每一位高级管理人才面前的棘手问题，能够有效处理这些问题成为高级管理人才的一个重要认定标准，也是浙江省数字产业高级管理人才结构调整的重要关注视角，具体表现为以下两方面。

1. 客观认知区域数字经济和数字产业发展的层次

"审时度势"是当今浙江省数字产业高级管理人才必须具备的一项职业能力。具体表现为，依托现有的数字产业发展现状和数字经济发展概况，明确未来发展的空间和前景，并且对产业结构发展的动态做出深入评估，从中判断出区域数字经济和数字产业发展的层次，进而确保区域数字产业发展始终能够与数字经济发展大环境高度统一，为高质量、高标准、高要求的人才引进做好充足的准备，让数字产业发展始终能够满足数字经济时代发展的切实需要。对此，高级管理人才的该项职业能力显然要作为数字产业高层次人才结构调整的重点关注视角。

2. 对未来区域数字经济和数字产业发展人才需求进行前瞻性判断

在上面，著者已经提到要将有效判断区域数字经济以及数字产业发展人才需求作为浙江省数字产业高级管理人才必须具备的一项基本能力，掌握有效对其进行前瞻性判断的方法也随之成为其必须具备的一项基本职业能力。在这里，著者认为高级管理人才应通过数据统计与分析，并且深入解读产业发展中的相关政策，从中找出未来发展所拥有的广阔前景，进而针对其人才需求程度进行前瞻性预判，力保未来数字产业发展之路能够有源源不断的优质人才补充进来，促进数字经济和数字产业规模的发展。

（三）全面促成各领域互联的高层次人才工作格局

人才无疑是管理工作开展的重中之重，而这也正是人们经常说"管理的实质就是针对人才的管理"的原因所在。对此，在数字经济发展大背景下，浙江省在对数字产业高层次人才结构进行优化时，对高级管理人才结构的调整要重点考察其能否深刻意识到人才必须具备的核心能力，从而形成各领域互联的高层次人才工作格局，以此为依据进行人才结构的有效调整，进而确保高级管理人才结构始终助力浙江省数字产业保持又好又快的发展态势。下面著者就从两方面对人才需要具备的两项核心能力做出更加确切的阐述。

1. 盘活政府、企业、高校、科研机构的资源优势

数字经济的飞速发展并非单独依靠企业一方不懈努力就能达成，而是需要多方协同，向着共同的目标一起努力才能将其转化为现实。浙江省数字经济之所以能取得目前辉煌的成就，其根本原因就是多方协同——政府提供良好的政策环境、企业不断积累和分享成功经验、高等院校提供理想的教育环境、科研机构提供极具创新性的科研成果。这些显然需要高级管理人才不断为之付出努力。高级管理人才不仅要以发展的眼光看待区域数字经济发展的前景，还要以又好又快的标准去丈量企业本身存在的差距，进而找出有效盘活政府、企业、高校、科研机构资源优势的方法，这也正是评价浙江省数字产业高级管理人才的一项重要指标，故而也是该人才结构有效进行调整的重要依据。

2. 深入分析科研、人才、资金、产业、市场、政策全链条

从浙江省数字经济发展的动力条件分析，其直接因素是数字产业转型升级速度不断加快，而最根本的动力因素是政府为之提供了强有力的政策支撑条件，高校为之培养了更多高质量的人才，科研机构探索出了更多

先进的科研成果，市场本身数字化需求量不断加大，产业本身的发展环境得到了强有力的优化，这是浙江省数字经济发展的全链条。对其做出客观分析能保证浙江省数字经济发展宏观决策的准确性，加快其发展步伐，反之则不然。而该项工作恰恰需要由高级管理人才来完成，所以深入分析科研、人才、资金、产业、市场、政策全链条就成为其必须具备的一项能力，也是评价浙江省数字产业高级管理人才的一项重要标准，依托评价结果进行该结构的有效调整必然会取得更为理想的效果。

三、具备自我管理的能力

自我管理能力作为企业优秀管理者能否胜任工作的基本表现之一，也是管理才能最根本的体现。所以，在数字经济飞速发展、数字产业规模急剧扩大的浙江省，确保数字产业高级管理人才结构高度的合理化，必须将人才本身的自我管理能力作为一项重要的评定标准，并以该项评定结果为依据进行人才结构的优化，由此让全面提升该人才结构层次水平有一个极为有力的抓手。

（一）摆正自己在工作中的位置

"摆正位置"是管理工著者日常工作中的第一要务，位置认知不清必然会导致管理工作出现原则性的错误，企业发展的可持续性和又好又快目标的实现更是无从谈起。浙江省作为我国数字经济发展的"领头羊"，数字产业规模不断扩大，所以管理者必须具备准确认知自身所处的位置的能力。对此，浙江省在数字产业高级管理人才结构的调整过程中，在自我管理能力方面必须将正确认知自己在工作中的位置作为一项重要指标。下面著者就从两方面对这一观点加以具体说明。

1. "角色"的高度清晰

高级管理人才是企业核心管理人员，但绝对不是"高高在上""高不可攀"的人，他们与其他普通员工无异，只是必须具备大局意识，能够有效对发展局势做出正确的决策，从而带领企业始终处于可持续发展的状态，实现并长时间保持又好又快的发展态势。在此期间，清晰认知自身"角色"意味着高级管理者在日常工作中，更要注重加强自我管理意识。为此，应该把高级管理者这一自我管理能力作为评价浙江省数字产业高级管理人才的一个重要标准，评价结果也应该被视为有效进行高级管理人才结构调整的重要立足点。

2. 工作心态的有效把持

"心态"决定工作的质量，对一名企业管理者而言，工作心态更关乎企业未来的命运，所以企业管理者在日常管理工作中，必须保持良好的心态，冷静思考和处理各种问题，确保企业各项工作能够实现有效衔接，要沉着冷静地处理突发事件，将产品科研、生产、推广中的风险降到最低，使企业赢得更为广阔的市场发展空间。如今浙江省数字经济发展步伐不断加快，在这种大环境下企业的机会稍纵即逝，管理者如不能保持客观冷静的心态，必然会造成企业在数字经济发展浪潮中陷入危机四伏的境遇。故而，在高级管理人才评价过程中，要将工作心态的有效把持作为其自我管理能力的一项重要指标，这也是对该人才结构做出合理调整的一项重要依据。

（二）准确知晓自己的职能与责任

对企业发展而言，管理者的作用体现具有决定性意义，其职能的认知与履行起着关键性的作用。因此，浙江省在数字产业高级管理人才的引进与使用中，必须将准确知晓自己的职能与责任作为重要的考察内容，并视之为有效调整该人才结构的重要指标，由此确保数字产业高级管理人才能够真正带动浙江省数字产业的发展和数字经济的增长速度。

1. 准确的职能定位

企业管理者之所以被誉为企业的"灵魂"，就是因为其具备领导职能、服务职能、组织与管理职能、决策职能，这几个职能缺一不可，每一项的确定都会影响企业在不同阶段相应发展目标的达成。其中，领导职能主要是指能够带领企业各个部门攻克各个难关，形成发展的合力；服务职能是指从整体层面和个体层面为之提供无微不至的帮助，确保企业发展合力的进一步加固；组织与管理职能主要指能够将各个部门串联起来，确保各部门能够使工作效率达到最大化；决策职能是指在不同的发展背景之下，能够及时有效地带领企业做出正确改变，从而实现企业的全面发展，达到又好又快发展的目标。结合上述观点不难发现，企业管理者所肩负的每个职能都需要他们身先士卒，先要从自身入手，这显然是企业管理者自我管理能力的具体表现，也是成就企业未来发展的根基所在。对此，在浙江省数字产业飞速发展的今天，高级管理人才必须具备这一品质，能够对其职能做出准确的定位，这也是将这一方面作为有效调整浙江省数字产业高级管理人才结构举措的具体原因。

2. 深刻知晓自身所肩负的责任

责任与使命并存，在不同历史时期企业管理者肩负着不同的使命，企业自然也要肩负时代赋予企业发展的新要求，完成新要求的责任最终也落在每一位企业管理者肩上。就当前浙江省数字经济发展的总体态势来看，市场需求量急剧增大要求相关企业尽快完成数字化转型，高效彻底地完成转型是每一位企业管理者必须肩负的责任，并且任重而道远。在此期间，企业管理者不仅要有谦虚谨慎的借鉴态度，还要敢于带头尝试、敢于质疑、敢于反思并勇于承担责任，这不仅是企业管理者自我管理能力和素质的体现，更是企业管理者在数字产业发展大环境下带领企业实现可持续发展的气魄所在。因此，完全可以将其视为有效进行浙江省数字产业高级管理人才结构调整的又一关注视角。

（三）准确认知管理工作"为了谁"

企业管理者必须具备的素质和能力中，高度明确管理工作"为了谁"是核心，是企业管理者正确做出相关决策的重要保证，所以在浙江省数字产业发展过程中，高级管理人才必须具备这一基本素质和能力，这一基本素质和能力也必须作为有效调整该人才结构的有力抓手。下面著者就从两个方面对这一观点加以论述。

1. 明确管理工作的主体

企业管理的目的是让企业在激烈的市场竞争中站稳脚跟，宏观层面上企业管理的主体是企业，但从微观层面分析，企业是由各个部门组成的，各个部门更是由骨干力量所组成的，因此企业管理实则是对人的管理，也就是说企业管理真正的主体是员工，使员工之间相互协调，企业自然能够变成一个"命运共同体"，所有人为了共同的利益和目标协同共进，最终实现企业持续性又好又快的发展态势。这也意味着企业管理人员必须具备客观审视管理工作主体性的能力，并从中发挥模范带头作用，不断加强自我管理的意识与能力。能否做到这一点决定企业能否更好地在激烈的市场竞争环境中生存。这对浙江省已经完成数字化转型或正处于数字化转型阶段的企业也高度适用，故而应成为浙江省数字产业高级管理人才结构有效调整的重要依据。

2. 明确管理工作的目标

企业管理工作的目标在于各个领域工作的全面协调，进而确保企业发展的各项战略措施能够得以全面落实，让企业战略发展规划得以稳步推进。在此期间，无论是在企业新产品设计、研发、生产领域，还是在产品推广领域都需要有明确的管理目标作为支撑，而目标的制定显然要以各个领域发展的现实状况以及未来发展的潜力为依据，该项工作最终会落到企业管理工著者肩上。这就要求管理者不仅要能够客观地审视自我，还要有独到的发展眼光来看待未来发展大趋势，进而不断实现自我管理能力的提升，带领企业始终走上跨越式发展之路。数字经济下的浙江省数字产业发展更是如此，相关企业管理人才必须具备上述能力，成为高级管理人才。这也是将自我管理能力作为有效调整浙江省数字产业高级管理人才结构重要视角的原因。

通过本节所阐述的观点不难发现，随着浙江省数字经济飞速发展和数字产业规模的不断扩大，需要有更多的高级管理人才实施战略性管理工作，因此高级管理人才结构也成为高层次人才结构的重要组成部分。而围绕沟通与执行能力、汇聚高层次人才能力、自我管理能力进行有效的结构调整能够使其达到最佳的效果。

第四节　产业后备人才：人才结构的活力源泉

从浙江省数字经济的未来发展来看，产业转型升级是发展的必然，源源不断地引进高层次人才并精心培养显然是一项重要工程，能够为浙江省数字经济保持跨越式发展提供源源不断的动力，也能够为人才结构始终保持活力提供强有力的保障。图 5-5 直观体现了科学调整浙江省高层次数字产业后备人才结构的依据。

如图 5-5 所示，有效调整该人才结构也是浙江省在数字产业发展过程中要完成的一项重点工程，各依据在具体落实过程中必然会是一项系统工程。下面著者就从三个重要依据出发对其落实过程中的主要突破口加以阐述。

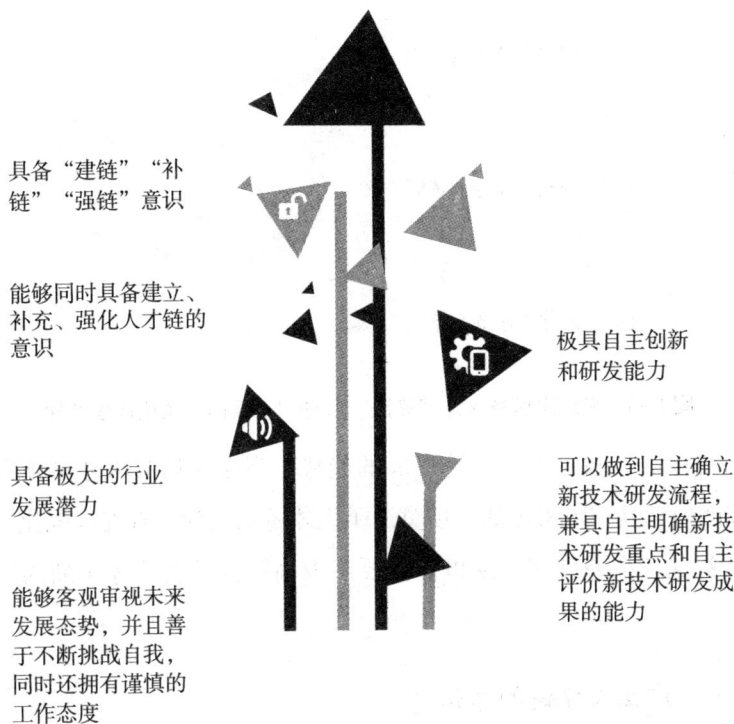

具备"建链""补链""强链"意识

能够同时具备建立、补充、强化人才链的意识

极具自主创新和研发能力

具备极大的行业发展潜力

可以做到自主确立新技术研发流程，兼具自主明确新技术研发重点和自主评价新技术研发成果的能力

能够客观审视未来发展态势，并且善于不断挑战自我，同时还拥有谨慎的工作态度

图 5-5　浙江省高层次数字产业后备人才结构调整依据

一、"建链""补链""强链"意识

数字产业后备人才结构的调整无疑为学科领袖人才结构、技术领军人才结构、高级管理人才结构的不断完善提供了重要保障，让更多高质量后备人才顺利补充到上述各人才结构之中，能确保数字产业转型与升级的步伐不断加快，全面保障数字经济始终保持又好又快发展势头。在上面，著者主要以学科领袖人才结构、技术领军人才结构为根本出发点，对评价浙江省数字产业后备人才的视角以及调整该人才结构的依据做出了明确的阐述；而在接下来的阐述中，著者将立足高级管理人才结构，对优化浙江省数字产业后备人才结构的视角做出明确论述，即"建链""补链""强链"意识，如图 5-6 所示。

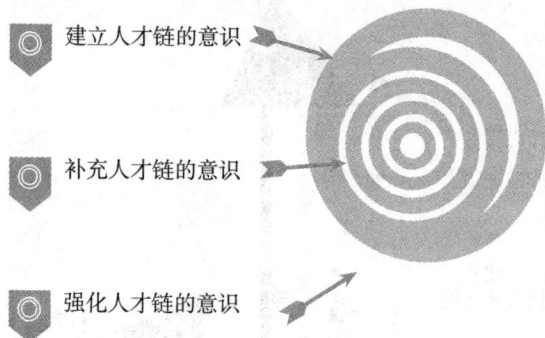

◎ 建立人才链的意识

◎ 补充人才链的意识

◎ 强化人才链的意识

图 5-6　高层次后备人才"建链""补链""强链"意识构成条件

　　面对浙江省数字产业飞速发展的趋势，高层次后备人才必须具备人才管理能力，其中最关键的一项莫过于人才链的构建、补充和强化，但是切实具备这三个条件实非易事，需要广大高层次后备人才不断为之付出努力。

（一）建立人才链的意识

　　构建人才链是数字产业发展过程中高级管理人才必须具备的一项基本能力，也是数字经济发展进程中的核心动力。浙江省作为当前我国数字经济发展速度较快的省份，在后备人才结构的优化与调整中，要注重高级管理人才的储备与优选，必须将具备构建人才链意识作为引进和培养人才的重点关注视角，同时应将其视为后备人才结构调整的重要依据。

1. 结合产业链建立人才链

　　所谓"产业链"，是指某种内在联系的企业群结构。就数字产业而言，产业链主要包括数据的捕捉、处理、存储、传输、调取、分析与挖掘、推广、售后服务等环节，是一个产业营销体系。在这一体系中，每个环节都需要充足的人力资源作为支撑，这样才能确保产业链的完整性不断提升，形成一条系统程度极高的人才链。对此，浙江省数字产业后备人才结构调整应将"能否根据产业链建立人才链"作为一项重要评价标准，由此为全面提升浙江省数字产业高级管理人才结构整体水平储备充足的高质量人才。

2. 立足产业转型升级打造人才链

随着数字经济发展步伐的不断加快，数字产业转型升级成为迎合数字经济发展的必然之选，所以在人才链的构建方面，要不断进行相应的优化与调整。因此，人才链的构建视角要体现战略眼光，能够根据数字产业发展的必然方向做出相应的改变，使人才链真正为产业又好又快地发展服务。浙江省作为数字经济强省，产业结构转型升级步伐较快，新型人才的需求日益增多，这就要求浙江省数字产业后备人才结构中，不仅要具备新型人才，还要具备能够根据产业转型升级打造人才链的管理型人才，所以是否具备以上两项能力就成为有效调整后备人才结构的重要依据。

3. 依托企业战略部署构建人才链

企业战略部署是否合理直接影响企业能否适应产业转型与升级所提出的具体要求，影响企业战略部署的关键条件是人才链是否能与之相匹配。因此，在浙江省数字产业转型与升级过程中，确保企业根据自身战略部署有效构建人才链是关键。故此，浙江省在数字产业后备人才结构的调整中，要将人才是否具备"依托企业战略部署构建人才链"的能力作为一项基本评价指标，并结合评价结果对该人才结构做出有效调整，以此确保产业后备人才结构能够为高层次管理人才结构的优化提供有力支撑。

（二）补充人才链的意识

人才链的全面补充，是完善产业人才链的一项重要举措，不仅考验管理者的人才体系构建能力，更考验管理者本身的人才体系管理能力。为此，在数字经济飞速发展的今天，浙江省在调整数字产业后备人才结构过程中，必须注重对人才该项能力的全面培养，并将其视为有效调整该人才结构的重要依据，使之成为浙江省数字产业后备人才结构不断优化的有力推手。

1. "空降"方式补充

所谓"空降"方式补充，指的就是通过委派的形式将管理人才硬性补充至企业或部门，这不仅反映了上级主管部门对人才的高度认可，还彰显了人才本身所具有的实力，不仅能起到补充产业人才链的作用，更能起到促进产业转型升级和产业经济发展的作用。这需要高级管理人才具有极强的人才指派能力，同时兼备观察人才链缺口的能力，进而确保产业人才链不断得到有效完善。这也是浙江省高层次数字产业人才结构调整中，全面强化产业后备人才能力的主要抓手，同时可将其作为依据对人才结构进行有效调整，确保后备人才能够为高级管理人才结构的不断完善提供强大动力。

2. "招聘＋培养"方式补充

"招聘＋培养"方式是补充人才链最有效的方法，也是企业结合产业自身转型、升级、发展的切实需要，有针对性地引进培养与之相适应人才的重要措施，能够对不断完善产业人才链起到强有力的推动作用。就浙江省数字产业后备人才而言，是否具备该能力是评价后备人才是否具备高级管理才能的重要指标，评价结果是有效调整该人才结构的重要依据，进而为不断提升浙江省数字产业高级管理人才质量提供保障。

3. "借调"方式补充

"借调"作为一种"应急引援"的方式，也是人才链补充的主要方式之一。借调的对象往往是同行业内部其他相关企业人员,借调的条件也通常是等价借调,这是产业内部实现人才资源高度共享的有效途径,更是全面提高产业人才链整体质量的又一有力抓手。对此,在浙江省数字产业后备人才结构全面优化过程中,既应将人才自身是否具备合理"借调"人才的视野和能力作为一项重要评价指标,也要将其视为有效进行该人才结构调整的重要依据。

(三)强化人才链的意识

科学构建与有针对性补充人才链是数字产业飞速发展的基本前提条件,但它们并非数字产业人才链的全部构成,不断强化人才链则是又一重点。因此,在浙江省数字经济飞速发展的今天,不断强化人才链的意识就成为企业管理者必须具备的一项能力,也是未来数字产业后备人才必须具备的基本能力,将其作为有效调整该人才结构的出发点自然有着重要意义。

1.注重"筑巢引凤"

强化人才链要立足产业未来发展的大趋势,结合现有人才链构建与补充的现实情况,找出进一步优化的具体环节,从而不仅使人才链的内部结构高度合理,更使质量得到强有力的保证。其间,产业内部要先为人才的引进打造较为理想的平台,无论是在人才管理制度方面,还是人才管理措施方面都要体现出先进性。另外,还要有先进的人才引进办法和培养方案作为重要支撑,确保更多高质量人才能够进入产业内部,共同为产业发展提供强大的推动力。对此,在浙江省数字产业后备人才的引进与培养中,能否"筑巢引凤"成为一项重要评价指标,也可以将其视为后备人才结构调整的新依据。

2.强调人才机制创新

人才机制的创新主要体现在三方面:一是人才引进的愿景和目标转

为人才竞争，二是晋升渠道更加注重人才的综合素质，三是薪酬福利更具人性化特征。其间，吸引顶尖人才、留住优秀人才、培养有用人才、淘汰不适用人才是人才竞争之道的根本；晋升渠道则是根据人才所处部门的不同，根据人才必须具备的综合素质进行层级划分，确保人才引进、培养、淘汰的标准更加鲜明；在薪酬福利方面，要结合人才生产生活的切实需要，有针对性地进行调整，力求人才不仅依赖企业转型与发展，更能为之付出不懈的努力。故此，人才机制创新自然也是当前乃至未来浙江省数字产业后备人才必备的一项能力，同时应将其视为有效进行数字产业后备人才结构调整的重要出发点。

3. 重视品牌对人才的引领作用

数字产业转型升级过程中，处于产业链不同节点的企业普遍都在走品牌发展路线，以此来提升企业在产业内部的核心竞争力。所以，依托品牌的影响力吸引更多优秀人才，并全面提升人才自身的综合素质显然能更有利于铸就数字产业未来发展的成功之路。对此，在评价浙江省数字产业后备人才的过程中，要将是否能够高度重视品牌对人才的引领作用作为一项重要指标，更要将其视为浙江省数字产业后备人才结构调整的重要出发点之一。

二、极大的行业发展潜力

后备人才，指的就是寄希望于未来的人才，经过精心培养和指导，他们会在所从事的领域有所作为。因此，产业后备人才是产业未来发展的希望，是产业人才结构的重要组成部分。但是，产业后备人才必须具有极大的发展潜力，否则该人才结构的作用与价值将大打折扣，浙江省数字产业后备人才结构更是如此，有效进行该人才结构调整必然要对这一方面做出综合性考虑。

（一）客观审视行业未来发展态势

后备人才是产业发展的后备力量，也是产业发展可持续、最终实现和保持又好又快发展态势的重要支撑条件。所以，后备人才的价值往往并不体现在产业现阶段的发展上，而是体现在产业未来发展阶段中。故此，针对当前浙江省数字经济和产业发展的现实情况，以及未来发展的大趋势，客观审视行业未来发展态势成为高层次产业后备人才必须具备的一项能力，故而可以将其作为优化产业后备人才结构的主要抓手。

1. 针对行业发展现状有效做出数据分析

就浙江省数字产业发展的现实情况来看，取得辉煌发展成就并不是凭空而来的，是通过一系列的数据收集、整理、对比、分析之后所得出的最终结果，对现状的概述极具客观性以及发展潜力。因此，浙江省在全面引进和培养数字产业高层次人才的过程中，要求后备人才必须具备对当前产业发展现实状况有效进行数据分析的能力，进而坚定自身全身心投入数字产业发展的信心，为浙江省数字产业发展不断增添动力，这是有效进行浙江省数字产业后备人才结构优化的重要着力点之一。

2. 明确社会对数字产业的需求

数字产业所包括的领域，主要集中在数字通信、人工智能、生产制造、旅游文创等多个领域，其产品为当代世人提供了前所未有的便捷性操作和人性化服务。随着时代的发展和社会的进步，人们对产品操作的便捷性以及服务的人性化会提出更高的要求，数字产业的发展必然要将全面满足人们日常生产生活需求作为主要目的。由此可以判断浙江省数字产业未来发展有极大的空间可以挖掘，数字产业后备人才要更加坚定自身在该产业内发展的信心，这也是评价浙江省数字产业后备人才的主要标准，同时也是有效优化该人才结构的重要抓手。

3. 结合行业发展最新动态做出前瞻性判断

数字产业的转型升级是面对时代发展大趋势不断变化，更好适应时代发展大环境的必然举措，也是进一步加快数字经济发展步伐的必然选择。为此，在数字产业后备人才引进与培养的过程中，结合行业发展最新动态做出前瞻性判断是合格后备人才必须具备的一项能力，也是后备人才自身能力与素质的基本体现。浙江省在高层次数字人才引进与培养过程中，要将有效优化后备人才结构作为关注的视角之一，从而确保后备人才未来发展不盲目、不冲动。

（二）敢于不断挑战自我

正所谓"初生牛犊不怕虎"，在浙江省数字经济发展过程中，数字产业转型升级是适应时代发展的必然措施，产业后备人才必须要有"初生牛犊不怕虎"的气魄，由此才能确保浙江省数字经济始终处于发展的快车道，成为推动我国数字经济发展的"主力军"。对此，浙江省在数字产业后备人才结构调整中，评价后备人才是否具备极大的行业发展潜力必须以是否敢于不断挑战自我为基本指标，从而方可确保浙江省数字产业发展始终保持强劲动力。

1. 时刻保持不甘于现状的心态

在任何情况下，只有不断改变现实状况才能寻求更好的发展，所以人们常说："现状就是用来被打破的，而不是长期保持的。"在各个领域的发展中，不断颠覆现状也成为一种必然趋势。就当前浙江省数字经济和数字产业发展的现实状况来看，始终保持又好又快发展无疑是必需的，颠覆现状也成为必然。高质量的产业后备人才作为浙江省数字经济和数字产业未来发展之希望，要具备不甘于现状的心态，要具有颠覆现实状况的拼劲儿，由此才能在所从事的领域中不断实现突破。敢于挑战自我也是评价浙江省数字产业后备人才的一项重要指标，是调整该人才结构的重要立足点。

2. 有完成一切任务的强大自信心

从数字产业发展的道路出发，各个领域都要面临技术攻关等一系列压力，只有这样才能确保产品本身具有强大的创新性，最终被目标市场广泛接受，数字经济和数字产业发展便顺理成章。在此期间，各部门从事相关工作的有关人员显然要面临巨大的压力，这也意味着后备人才也要具备抗压能力，以及敢于完成被赋予的各项任务的信心和决心，这不仅是敢于挑战自我的一种重要表现，更是自身潜力的一种证明。对此，在浙江省数字产业高层次人才结构优化中，产业后备人才是否具备这一抗压能力以及上述的信心和决心，就成为调整该人才结构时必须关注的重点。

3. 理性思考和冒险精神并存

由于冒险精神往往被人们认为具有一定的风险，所以通常不被认可，特别是在行业发展中，冒险精神甚至被众多行业管理者和投资人排斥，但从冒险精神的实质来看，只要理性思考冒险精神必然会带来意想不到的成功。就浙江省数字经济和数字产业发展的现实情况以及未来发展的潜力来看，理性思考和冒险精神并存显然能够为数字经济和数字产业发展带来意外惊喜。后备人才作为浙江省数字产业未来发展的中坚力量，也要具备理性思考的能力和敢于冒险的精神，在合理的范围内颠覆发展现状并最终实现产业创新发展。故而，这也是浙江省数字产业后备人才发展潜力的一种表现，是将其作为有效调整该人才结构重要立足点的原因。

（三）严谨而又负责的工作态度

是否具备严谨而又负责的工作态度是决定工作"成"与"败"的关键因素之一，从中客观反映了人们身处的行业发展大环境是否具有较大的发展潜力。所以，结合当今浙江省数字经济和数字产业发展的切实需要，在有效评价和调整数字产业后备人才结构过程中，应将其视为重点关注对象。在此期间，关注的焦点应放在工作态度的严谨性、社会责任意识强烈程度、自我发展观念的认知程度三方面。

1. 严谨的工作态度

严谨作为一种工作作风，是工作态度的直观表现，也是处事不惊、遇事不乱、行稳致远的真实表达。通常认为，具备这种工作态度的人需要经过长时间的磨炼，要有丰富的工作经验作为支撑。事实也是如此，人们在步入行业的那一刻起就要开始培养这种工作态度，通过工作上的细节不断强化这种工作态度。浙江省数字产业发展是一项伟大的历史工程，需要从业人员具备这一工作态度。产业后备人才作为浙江省未来数字经济发展的希望，是数字产业结构升级调整的中坚力量，所以严谨的工作态度是其必备条件之一，故而可以将其视为有效进行该人才结构调整的重要依据。

2. 极强的责任意识

推动浙江省数字经济全面发展，并进一步加快浙江省数字产业转型升级的步伐是一项社会工程，是造福社会成就时代发展的伟大事业，所以个体在投身该项事业过程中，必须深刻认知其伟大之处，树立起强大的社会责任意识。产业后备人才作为浙江省未来数字经济飞速发展和数字产业转型升级的核心力量，自然要高度具备社会责任意识，将目光放在长远利益之上，由此才能真正成为推动浙江省数字经济发展的动力。对此，在进行浙江省数字产业后备人才结构调整时，评价人才是否具有极大的行业发展潜力必须将责任意识作为重要立足点。

3. 正确的自我发展观念

正确审视自身的未来发展，是人们适应行业发展大环境、开创全新发展机遇的根本条件之一。浙江省数字经济和数字产业发展已取得的成果说明浙江省数字经济发展拥有广阔的未来。这也意味产业后备人才必须具备正确的自我发展观念，在客观审视自我的同时，还要能够分析自身未来发展的空间，从而结合当前实际状况探寻出差距和弥补差距的方法，由此不断挖掘自身潜力，为成就浙江省数字经济和数字产业未来发展增添动力。这也充分说明了在进行浙江省数字产业后备人才结构调整中为什么将其视为重要立足点的原因所在。

三、自主创新和研发能力

产业后备人才引进与培养的目的就是为产业发展提供更多高质量人才，而具有发展潜力的技术领军人才自然是必不可少的一部分。为此，在有效调整浙江省数字产业后备人才结构的过程中，以人才本身是否具备自主创新和研发能力为根据做出的人才结构调整，自然能够在一定程度上确保其效果的理想化实现。

（一）自主确立新技术研发流程的能力

研发流程的确立能力，是技术创新与技术研发人员必须具备的一项基本能力，也是技术创新与研发成果最终产生的重要前提条件。数字产业转型与升级中会伴随众多新技术、新成果的出现，所以后备人才在技术创新过程中必须具备这一基本能力，从而顺利搭建其拥有成为技术领军人才的坚实基础。对此，在浙江省数字产业人才结构调整中，调整后备人才结构时要将自主创新和研发能力作为基本的评价内容，而自主确立新技术研发流程的能力则是重要的评价指标之一。

1.明确新技术在数字产业发展中的重要作用

新技术的研发是数字产业转型升级的必经之路，企业在实现数字化转型的过程中，必须要有一系列新技术产生，才能确保企业更好地适应数字经济的发展，并成为推动数字经济发展浪潮的重要力量。产业后备人才是数字产业未来发展的新希望，新技术研发能力则是产业后备人才必须具备的一项关键能力，而该能力的基础就是能够深刻意识到新技术在数字产业发展中的重要作用，由此不断开展自主创新研究，成就数字经济未来发展。所以，是否具备自主创新研发能力是浙江省数字产业后备人才结构调整的着力点之一，而自主确立新技术研发流程的能力是其重要组成，能否明确新技术在数字产业发展中的重要作用及其基本表现。

2. 明确新技术产生的必备条件

新技术的产生不仅需要技术研发人员不断为之付出努力，还需要技术领军人员为之指明方向，这样才能确保新技术研发最终取得超出预期的成果，为加快数字经济发展进程和促成数字产业升级转型提供强大动力。为此，浙江省在数字产业后备人才的引进与培养中，必须深刻认识到上述两个基本条件缺一不可，要从中探索一名合格技术研发人员和技术领军人物应该具备的基本能力与素质，最终让其明确努力的方向。而这也是有效优化浙江省数字产业后备人才结构的一大关注点，更是全面强化技术领军人才整体质量的关键。

3. 确立新技术研发的基本流程

明确新技术在数字产业发展中的重要作用，并明确新技术产生的必备条件是自主确立新技术研发流程的重要前提，但这并不意味新技术研发的基本流程就此结束，还需要进行系统的规划，才能将其转化为现实。这也是新技术研发成果产生的明确的路径。对此，在明确上述两个基本条件基础上，能否确立新技术研发的基本流程就成为评价浙江省数字产业后备人才自主创新研发能力高低的又一重要指标，也是有效进行该人才结构优化的重要视角之一。只有做到这一点才能力保浙江省数字产业后备人才技术创新与研发水平的不断提升，成就技术领军人才整体质量的有效提升。

（二）自主明确新技术研发重点的能力

在数字产业发展中，新技术研发的全过程不仅要拥有一套完整的流程，还要有明确的技术研发重点，如同建造船只的过程，不仅要有明确的建造方案，更要有清晰的龙骨作为支撑，而新技术研发的重点就是"龙骨"。因此，人才是否具备自主明确新技术研发重点的能力，成为评价数字产业后备人才技术创新能力高低的主要因素之一，它也对有效优化该人才结构起到关键性影响，浙江省数字产业后备人才结构调整也是如此，应得到高度关注。

1. 明确新技术研发的新理念

理念的创新是新技术具备创新性的根本内涵，也是新技术具有颠覆性的主要原因，因此在数字产业转型升级过程中，创新技术理念通常是最为重要的技术动力，给新技术的问世奠定了理论基础。因此，在浙江省数字产业后备人才引进与培养中，关注人才是否具备自主创新和研发能力，至关重要的一点就是要关注人才在新技术研发过程中能否确立新理念，确保后备人才自主明确新技术研发重点的能力得到客观评价，最终让有效调整该人才结构拥有又一客观依据。

2. 明确新技术研发的新工艺

新工艺的选择通常会造就新技术研发成果的产生，让人们能够感受到产品本身所具有的创新性。在数字产业飞速发展的今天，数字产品的产生显然也要有新工艺作为重要支撑，由此方可展现数字产品本身所具有的创新性，如人工智能产品功能的升级换代必须要有新工艺来作为新技术的重要支撑等。对此，在评价浙江省数字产业后备人才是否具有自主创新和研发能力过程中，明确新技术研发的新工艺就成为自主明确新技术研发重点必不可少的关键条件，也可借助这一评价结果有效进行该人才结构的调整，从而不断提升该人才结构在技术创新方面的水平。

3. 明确新技术研发的新材料

新材料的使用是新产品设计、研发、生产中必须重点关注的对象，是新产品适应社会发展新要求的根本条件。所以，在数字产业转型升级的过程中，新产品必须要有新材料作为支撑，由此才能确保数字经济发展的可持续性。对此，在数字产业后备人才引进与培养中，人才必须要有正确选择新材料的能力，由此确保人才未来发展不仅能够推动数字产业和数字经济发展，还能保证其发展的可持续性。这也正是其作为有效进行人才结构调整重要依据的基本原因。

（三）自主评价新技术研发成果的能力

新技术研发最终要以成果的形式展现在世人面前，但成果是否理想必须先经过研发主体的客观判定，进而才能保证新技术推向社会后能够得到高度认可。对此，在浙江省数字产业后备人才引进与培养中，评判人才本身是否具备自主创新和研发能力，必须将是否具备自主评价新技术研发成果的能力作为重要依据，由此有针对性地对人才结构加以调整，最终方可保障这一人才结构中能够涌现出更多的技术领军人才。

1. 客观制定评价原则与评价标准

从评价体系构建的一般流程出发，评价原则和评价标准的确立是基础环节，其是否具有客观性必然会直接影响评价结果。因此，数字产业后备人才在自主评价新技术的过程中，必须具备客观制定评价原则与评价标准的能力，进而确保新技术研发的成果能够得到客观的评价，充分反映出新技术能够推动数字经济发展和加快数字产业结构转型升级的作用。而这无疑可视为有效评价浙江省数字产业后备人才技术创新与研发能力的主视角，也是有效进行该人才结构调整、确保该人才结构技术创新能力全面提升的重要保证。

2. 有效确立评价方法

从影响评价结果的直接条件来看，评价方法选择的准确性显然是直接影响评价结果的条件之一，如果单纯从定量评价的角度或者定性评价的角度进行成果评价，必然会导致评价结果存在一定的片面性。所以在数字产业新技术研发成果的评价过程中，应选择定量与定性相结合的评价方法，对新技术创新与研发的成果做出客观评价，由此方可使新技术改进的方向和细节更加明确，这也是数字产业后备人才所必须具备的一项重要能力，更是浙江省数字产业后备人才结构有效调整的重要突破口之一。

3. 自主完善评价内容和指标

评价内容和评价指标指的就是针对哪些方面做出相关评价，最终的评价结果也是综合评价内容和评价指标的相关数据，最终反映出成果的可行性。就数字产业结构转型与升级而言，新技术创新与研发不仅是必经之路，也是一个系统工程，每一细节都会影响新技术创新与研发的成败。所以，针对浙江省数字产业后备人才的引进与培养，在评价其是否具备自主创新和研发能力的过程中，要将自主评价新技术研发成果的能力作为重点关注对象，而自主完善评价内容和指标则是必不可少的内容，应将其视为有效调整该人才结构的重要依据。

综合本章所阐述的观点可以看出，立足数字经济飞速发展的时代大环境，在浙江省高层次数字人才结构的调整中，必须将学科领袖、技术领军、高层次管理、后备人才结构有效调整视为重中之重，调整的视角必须做到高度的微观化，由此才能确保浙江省高层次数字人才结构始终助力产业结构调整与升级，实现不断加快浙江省数字经济发展步伐的目标。

第六章　数字经济下浙江省
高层次数字产业人才
结构优化实践

　　从时代发展角度来看，数字经济必然会成为我国未来经济发展的主体，会对整体经济发展发挥重要的支撑作用，产业化转型步伐也势必不断加快，所以高层次数字产业人才必将成为我国未来经济发展的领军人物。浙江省作为我国数字经济发展的"领头羊"，在数字产业发展浪潮中发挥着不可替代的作用，所以有效开展高层次数字产业人才结构优化实践工作就成为浙江省经济发展的重中之重。图6-1直观展现了浙江省高层次数字产业结构优化实践路径。

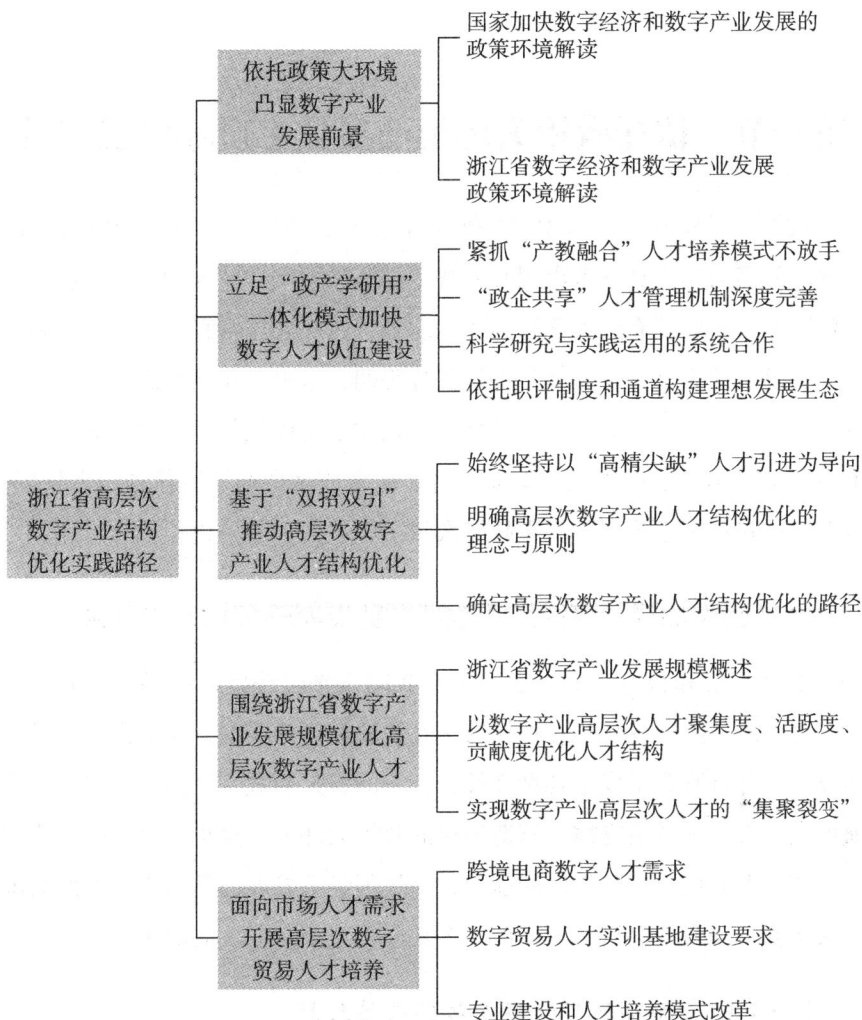

图6-1　浙江省高层次数字产业结构优化实践路径概括

在浙江省数字经济极为迅猛的发展势头之下，高层次数字产业人才结构的科学优化工作需要极为系统的过程，其中必须要有客观而又缜密的政策大环境分析作为支撑，同时要有科学的人才队伍建设等多个环节作为支持。为此，本章著者就立足实践层面，对数字经济下浙江省高层次数字产业人才结构优化的实践路径做出系统论述。

第一节 依托政策大环境凸显数字产业发展前景

政策大环境决定了社会经济的发展步伐，更决定了社会经济发展的前景。从当前国家和各省市现有的数字经济和数字产业推动政策来看，我国数字经济发展拥有极为理想的发展前景，浙江省作为我国数字经济和数字产业发展的先驱，发展前景更是非常明朗，这也意味着浙江省高层次数字产业人才的需求量必然会不断增大，人才结构优化与调整势在必行。本节著者就从国家层面和地方层面，对浙江省数字产业发展前景做出分析，以充分反映数字经济下浙江省高层次数字产业人才结构优化的紧迫性。

一、国家加快数字经济和数字产业发展的政策环境解读

数字经济和数字产业全面发展是我国未来经济发展的必然方向，中共中央、国务院、各部门在加快数字经济和数字产业的发展上也提供了鲜明导向，并且联合下发了各种文件，其目的就是为数字经济和数字产业发展提供强有力的政策支撑，营造理想的政策大环境。这也充分说明了我国数字产业拥有极为广阔的发展前景，是我国经济发展的新动力。下面对国家层面的相关政策进行全面解读，客观说明数字产业发展前景。

（一）国家加快数字经济发展的政策环境

政策环境是各领域实现又好又快的发展目标必不可少的保障性条件，数字经济的飞速发展自然离不开良好的政策环境，尤其是在 2020—2022 年初，我国相继出台了一系列关于加快数字经济发展的政策，为我国数字经济全面发展指明了方向，也做出了明确的战略部署。下面就对这一时间段内的相关国家政策和相关内容进行解读，明确我国在全面推进数字经济发展中所提供的政策支撑条件。

表 6-1　我国全面推进数字经济的国家政策及内容解读

序号	政策名称	印发机关	发布日期	核心内容
1	《关于推动工业互联网加快发展的通知》	工业和信息化部办公厅	2020-03-06	全面增强互联网内外网络、全面完善工业互联网标识体系、打造工业互联网大数据中心、提升工业互联网平台核心能力，以及打造技术监管体系等
2	《中小企业数字化赋能专项行动方案》	工业和信息化部办公厅	2020-03-18	通过数字化工具加快中小企业"上云""用云"的步伐，完善数字化平台功能、创新数字化营销方案、加强数据资源高度共享等
3	《关于构建更加完善的要素市场化配置体制机制的意见》	中共中央、国务院	2020-03-30	加大要素市场化配置改革力度，进一步激发社会创造力及市场活力，最终实现经济发展的质量变革、效率变革、动力变革
4	《关于推进"上云用数赋智"行动培育新经济发展实施方案》	国家发展和改革委员会、中共中央网络安全和信息化委员会办公室	2020-04-07	推进企业的数字化转型，建立数据供应链，最终形成产业链上游和下游跨行业融合的数字化生态体系
5	《"十四五"数字经济发展规划》	国务院	2022-01-12	到 2025年，数字经济核心产业增加值占国内生产总值比重达到10%。展望2035年，力争形成统一公平、竞争有序、成熟完备的数字经济现代市场体系，数字经济发展水平位居世界前列

　　如表 6-1 所示，在最近两年内，我国在全面推进数字经济发展的过程中，无论是在基础设施建设方面，还是在互联网平台建设方面，都在极大程度上予以政策支持，政策大环境较为理想，尤其是在《"十四五"数字经济发展规划》中，明确指出在 2025 年要实现数字经济产值占到国内总产值的 10%，到 2035 年要确保数字经济打造出极为理想的发展环境，形成数字经济现代市场体系，并跃居世界领先水平。由此可见，数字经济作为我国未来经济发展的重要方向，其发展空间极为广阔，是中华民族实现伟大复兴宏伟目标的重要推手。

（二）国家加快数字经济数字产业发展的政策环境

随着数字时代的全面开启，数字经济在我国未来经济发展中必然占据至关重要的位置，数字产业必将成为我国产业化发展中的重要组成部分，也是我国各领域始终保持又好又快发展态势的关键所在。故此，国家在推动数字经济全面发展的同时，也为加快数字产业发展源源不断地提供政策层面的保障，极尽可能地为之营造理想政策环境。表 6-2 展示了我国全面推进数字产业发展的国家政策及主要内容。

表 6-2　我国全面推进数字产业发展的国家政策及内容

序号	政策名称	印发机关	发布日期	核心内容
1	《国家标准化发展纲要》	中共中央、国务院	2021-10-10	加快产业升级，增强产业链供应链稳定性和产业综合竞争力，推动标准化与科技创新互动发展，推进数字产业化和产业数字化
2	《"十三五"国家战略性新兴产业发展规划》	国务院	2016-11-29	对数字创意产业发展做出了明确部署，形成文化产业发展的新形势、新业态、新模式
3	《战略性新兴产业重点产品和服务指导目录(2016版)》	国家发展和改革委员会	2018-09-22	确保为数字文化创意、设计服务、数字创意与相关产业融合提供应用服务，加快数字文化创意技术装备、数字文化创意软件、数字文化创意内容制作、新型媒体服务、数字文化创意内容应用服务的步伐
4	《关于推动数字文化产业高质量发展的意见》	文化和旅游部	2020-11-18	文化产业与数字技术协同推进、融合发展，形成数字文化产业发展新业态
5	《关于支持新业态新模式健康发展激活消费市场带动扩大就业的意见》	国家发展和改革委员会等13部门	2020-07-14	加快线上服务新模式的构建，推动融合促进线上教育发展，开创互联网医疗和互联网办公新局面，促进企业实现数字化转型，构建虚拟产业群，培育共享经济新业态

如表 6-2 所示，我国在全面推进数字产业发展、全面实现产业结构调整的过程中，在宏观政策方面已经给予了强有力的保障。自 2016 年起，国务院就做出了重要批示，明确指出"十三五"战略规划的重点要放在新兴产业发展上，大力推动数字创意产业的发展，在迎来数字文化产业发展新形势的同时，形成文化产业发展的新模式、新业态。随后，中共中央、国务院、国家发展和改革委员会（以下简称"发改委"）等 13 部委，在加快产业战略升级、形成全产业链发展新模式、推动产业综合竞争力等方面，都明确指出数字产业从中发挥的作用，进而出台了各项政策，让我国数字产业发展能够拥有极为理想的政策大环境。

二、浙江省数字经济和数字产业发展政策环境解读

浙江省由于在数字经济发展方面起步较早，所以不仅是我国数字经济发展的前沿阵地，更在其中发挥着主力军的作用。其间，在企业数字化转型过程中政策推动力度也不断加大，实现了数字经济发展逐年上一个新台阶的目标，展现了数字经济和数字产业发展的广阔前景。下面就对其数字经济和数字产业发展的政策环境进行深入解读，希望广大学者以及相关领域从业人员能够从中得到一定的启示。

（一）浙江省数字经济政策环境解读

从最近几年的浙江省经济发展总体趋势来看，数字经济无疑起到了重要的支撑作用，特别是在最近 3 ～ 4 年，政府在数字经济发展的探索过程中，严格按照国家经济发展战略的有关部署，突出浙江省在数字经济发展中的优势，出台了一系列相关政策，将浙江省数字经济发展推向了新高度，浙江省数字经济发展的政策环境较为理想。表 6-3 对浙江省数字经济有关政策和内容进行了系统归纳，并进行了相关解读。

表 6-3　浙江省数字经济发展的相关政策及内容

序号	政策名称	印发机关	发布日期	核心内容解读
1	《浙江省数字经济促进条例》	浙江省人民政府办公厅	2021-06-16	继续加强数字赋能产业转型升级，到 2025 年，数字经济发展水平稳居全国前列、达到世界先进水平，数字经济增加值占 GDP 比重达到 60% 左右
2	《关于进一步支持数字经济高质量发展的若干政策意见（试行）》	温州经济技术开发区管委会	2021-04-29	亿元以上数字经济核心制造业企业，当年产值增速超 15%、20%，分别奖励 5 万元、10 万元；连续三年产值增速超 15%、20%，分别奖励 50 万元、100 万元。被认定为市级以上"云标杆"企业，给予 5 万元奖励
3	《关于扶持市区数字经济发展十条措施》	金华市网络经济发展局	2018-06-22	强化企业培育，推进数字产业化发展，推动工业数字化转型，强化产业链招商，推进园区建设，优化金融服务等
4	《2021—2027年中国浙江省数字经济行业市场现状调研及市场需求潜力报告》	浙江省人民政府	2021-04-21	分析浙江省企业数字化转型现状与趋势，分析浙江省重点城市数字经济发展现状及潜力
5	《平湖市促进数字经济高质量发展的若干政策意见》	平湖市人民政府办公室	2021-05-19	一是支持数字产业发展，包括支持数字经济招大引强、项目融资、扩大投资，鼓励软件产业发展，支持重点行业企业上规模，鼓励重点企业加强研发、快速投产，培育骨干企业，建设产业创新服务平台；二是支持产业数字化，包括支持企业数字化改造、深度上云、提升智造能力、示范创建、"未来工厂"创建、智能产品研发

　　正如表 6-3 所示，浙江省在全力打造经济强省的过程中，紧紧围绕国家经济发展战略部署，在大力推进本省数字经济发展过程中，不断为之提供强有力的政策支撑条件。其中，制定出 2021—2027 年全省数字经济发展宏观目标，强调数字经济在 2025 年要占到全省经济总量的 60% 左右。

另外，下辖各市也纷纷制订相关的战略规划，明确战略部署，为当地数字经济发展提供了极为有力的政策保障，全省范围内数字经济发展拥有极为广阔的发展前景。

再进一步分析，产业的数字化转型，或者说转型，向来都是人才先行。数字化转型的重点，从来都不是增加技术难度和电子设备，而是建立全新的商业模式，并且在新模式下，促使人才团队以新的方式共同协作。"人才观念"的转型是数字化转型中不可忽视的重要内容。在数字化时代，产业发展需要的不仅仅是领导人才，还有数字化人才，拥有一批数字化人才是产业向数字化转型的根本保障，是最核心的要素。因此在数字化转型时期，需要以转型发展为目的进行人才培养，主要从四方面出发。

1. 数字化战略

善于站在宏观的角度看问题，动态关注形势的发展与变化，通盘筹划和规划全局，注重事件背后隐含的深层次的本质上的东西，能基于现状把握未来，并结合市场动态、科技发展去完成企业数字化转型。

2. 数字化思维

善于在模糊或不明确的情况下形成概念或框架结构，能把握企业数字化转型思路或路径，准确把握事物之间内在的本质关系，善于厘清问题内部的逻辑脉络，能通过数据发现问题和规律，利用数据分析为各项决策提供支撑。

3. 数字化执行

善于通过在线远程交流、合作来达成目的，能够在线远程地去整合或协调不同的内外部资源，把完成工作任务和达成工作目标放在第一位，站在结果的角度看待问题，思维敏捷，反应迅速，能自如地应对复杂的局面和突发事件。

4. 数字化创新

善于以开放的眼光和胸怀，去拥抱新知识、新理念，博采众长，避免局限于个人思维，通过寻找各种资源进行自我提升，不断丰富和拓展自己的知识领域，敢于突破模式，营造创新的环境，积极引入新观点和新方法，在变革中积极寻求突破。

（二）浙江省数字产业发展政策环境解读

就当前浙江省在数字经济发展中所营造的政策环境来看，数字经济得到全面发展已是必然，浙江省政府在促进企业全面转型、成就数字产业全面发展方面发挥着至关重要的政策推动作用。表 6-4 展示了当前浙江省现有的数字产业发展政策及内容。

表 6-4　浙江省加快数字产业发展的相关政策及内容

序号	政策名称	印发机关	发布日期	核心内容解读
1	《浙江省推进数字经济发展 2021 年工作要点》	浙江省人民政府	2021-07-19	数字经济引领新发展格局加快形成，综合发展水平保持在全国前列，全省数字经济核心产业增加值增长 10% 以上，营业收入突破 2.5 万亿元
2	《2021 年浙江省人工智能产业发展报告》	浙江省发展规划研究院、浙江省发改委等部门	2021-09-09	从产业、治理、社会三个不同层面，明确指出浙江省数字产业发展面向区块链、智慧零售、智能物联、智能计算等新方向
3	《关于加快推进数字经济核心产业发展的若干意见》	舟山市普陀区人民政府办公室	2021-05-25	加强重点招引，根据企业投入、技术和效益予以奖励；加快平台聚集，对带动性强、聚集度高的数字经济产业平台给予一定奖励；支持新智造企业发展，对投入强度大、提升效益明显的智能工厂给予奖励；加快工业互联网建设，鼓励工业企业接入平台，对具有自主知识产权的区域、行业级工业互联网平台给予补助等

序号	政策名称	印发机关	发布日期	核心内容解读
4	《浙江省实施制造业产业基础再造和产业链提升工程行动方案（2020—2025年）》	浙江省人民政府	2020-08-27	至2025年，全省建成数字安防产业链、集成电路产业链、网络通信产业链、智能装备产业链，并且形成制造业基础再造强链和数字新基建强链
5	《浙江省十大标志性产业链提升方案》	浙江省人民政府	2020-08-26	到2025年，十大标志性产业链年总产值突破6万亿元，占全省工业总产值的68%以上，基本形成与全球先进制造业基地相匹配的产业基础和产业链体系

在表6-4中，著者对当前浙江省人民政府关于全面加快数字产业发展的相关政策以及核心内容进行了明确表述，可以看出全省范围内都在通过实际行动来加快数字产业发展，政府及有关部门都在政策上予以大力支持，加快了本省工业产业数字化、旅游产业数字化、文化产业数字化转型的步伐，让数字产业化发展拥有了极为理想的政策环境，更为高质量人才的培养与发展提供了优质土壤。

在产业实现数字化转型的关键时期，数字化人才显得尤为重要，数字化人才既包括管理人才，也包括技术人才。咨询专家认为，作为管理者，必须具备数字化思维，只有对数字化具有敏感性和适应能力，才能迅速找到数字化转型的切入点；作为业务负责人，需要关注数字化技术与业务模式相融合创造新价值的能力；作为软硬件工程师，需要培养数字化专业能力，成长为业内行家，只有这样才能更容易地促进数字技术与传统业务的深度融合。

另外，还需要积极开展数字人才储备的培育和教育工作，以既具备数字化思维，又熟悉先进制造业发展模式为导向，选择国内重点高校，开展大数据、人工智能等新兴学科的试点工作，培养应用型和科研型人才，最终形成多层次、全方位的人才培育体系。

案例 1：浙江省 B 区探索实行市场"第三方"评价人才 ①

浙江省 B 区全面贯彻中央深化人才体制机制改革精神要求，坚持按产业升级规律布局人才和人才发展规律评判人才相结合，以实施新一轮引进高层次人才创新创业"5050 计划"为契机，积极探索市场化评价创业人才办法，变"政府组织"为"外包认定"，变"一评定音"为"动态评估"，变"一次性奖"为"进式扶持"，有效解决了人才项目评审"看不准""看不透"和个别人才项目"套政策"的问题，人才工作绩效大幅提高。自 2016 年新一轮"5050 计划"实施以来，共引进 160 余个人才项目，同比增长 45%，已有 27 家企业获得风投近 4 亿元，呈现了一个非常好的局面。

一、"标准式"设计评价要素

坚持人才与产业互动、人才与项目并重，分别从人才自身成就和项目发展成效两个方面进行评判，拿实绩说话，凭市场认可，让创业人才心悦诚服，让创新项目高质高效。一是评价人才资历，给予启动扶持。从创业人才的学习经历、工作经验、个人成就三个维度，判断人才创业的基本条件和潜力，以此确定人才创业项目可获得的创业启动资助额度。如对曾在国内外知名企业担任过高管职务的人才，可直接给予 100 万元的创业启动资助。二是评估项目发展，跟进研发资助。从人才创办企业的融资情况、人才计划入选、创新创业大赛和产业化情况四个要素，研判企业发展阶段和后劲，以此划定企业为 A、B、C、D 四个类别，分别给予研发经费补贴。如针对 B 类别企业，可给予企业研发投入的 30%、最高 500 万元的研发经费补贴。三是参考市场认可，给予融资奖励。重点关注市场对项目的评价，充分运用市场对项目的评估结果，鼓励企业引进风投，获创投机构投资的项目，还可获得投资额 15%、最高 500 万元的融资奖励。根据创业人才成就和企业发展成效评价创业人才和企业，真正筛选出一批高质量

---

① https://www.hzzx.gov.cn/chsz/content/2021-06/03/content_7978464_0.htm.

的项目进行支持、奖励，同时让创业人才得其所用。

二、"靶向式"评价人才项目

坚持"让专业的人做专业的事"，委托市场专业机构负责人才项目认定评价。首批主要从孵化器、众创空间、创投机构中进行筛选，兼顾专业分类，遴选 4 家机构承接"5050 计划"创业人才项目评价工作。一是"大数据"分析研判。根据认定标准，通过网络信息检索、学历查询、专利库检索、论文检索等多种方式，全方位搜集信息，充分核实人才提供申报资料的真实性，确保做出的评价准确、可靠。二是"建模"精准评价。机构以申请人资格条件、核心团队成员、企业成立时间、知识产权、融资、SWOT 等为评价要素，"建模"对项目进行综合分析，并进行详细的书面审核、小组分析研判，提出项目资助等级建议，并出具"一项目一报告"意见书，对报告的真实性和专业性负责。三是"动态"跟踪服务。建立人才项目数据库，正式落地的项目均须按要求定期上报人才引进情况、专利申请情况、获得融资情况等动态信息，通过对数据的采集分析，评估企业发展情况；建立企业定期走访服务机制，联合职能部门、众创空间等上门走访服务，尤其是资助资金兑现前，必须实地查看企业运营状况，核查财务报表，开展尽职调查，保障财政资金的使用效率，精准扶持。同时，也要更及时地了解企业发展过程中的困难问题，跟进做好服务。

三、"联动式"严把评价质量

坚持公开、公正、公平，坚持规范化、质量化，设计创业人才评价过程。全面落实"最多跑一次"的要求，创业人才可随时通过"5050 计划"网站申请，上传相关资料，人才办进行常态化受理。一是项目随机分。在评价机构专业领域，遵循机构举荐项目回避、机构已投资项目回避、机构非专业领域回避原则，对"5050 计划"人才项目进行随机分配评价机构，从源头上杜绝机构"既当裁判员又当运动员"，降低机构做出不科学判断的概率，确保创业人才项目评价结果的公平、公正。二是政府严把关。人才办主任会议对机构出具的"人才项目认定报告"进行联审，重点对创业人才团队架构、项目科技含量、项目与区域产业吻合度、产业化潜力等方面进行综合考量，在机构"专业化"判断的基础上，对创业人才项目质量进行二次判断把关。三是结果重新评估。对4家认定机构设置考核标准，每年年底委托专门机构对承接主体当年度的人才企业认定情况进行随机抽查绩效评估，建立退出机制，避免认定机构"权力寻租"。

案例2：宁波某区着力挖掘海外高端智力"富矿"①

宁波某区注重发挥市场需求的导向作用和企业引智的主体作用，推动建设"市场主导、企业主体、政府推动、社会联动"的引智工作模式，大力引进用好海外高端智力。截至目前，已累计引进外国专家近7 000人次，其中"海外工程师"160名；累计为企业研发和设计新品410页，申请专利和专利授权236项；解读技术难题590个，填补国内技术空白84项，帮助企业直接新增产值34亿元；新增利税2.8亿元。

第一，坚持市场导向，着力推进智产对接。坚持把市场导向作为引智工作的关键，围绕区域经济转型升级的实际需求，着力推进引智工作与区域产业发展的有机结合，打造了一批国际高端的智产对接平台。一是发挥企业需求对引智工作的导向作用，建立外专需求调研征集的常态机制。联合专业化高端人力资源公司，通过现场调研、调查问卷等形式，每季度系统摸查引智工作需求，调研外专工作发展现状。同时，以需求为基础，以问题为导向，做好引智工作安排部署，提高引智工作的精准度和实效性。从近年来的海外工程师引进情况来看，60%的海外工程师集中分布于塑机和汽车零部件产业，适应了优势产业转型升级的智力需求。二是搭建高端资产对接平台。成功引进意大利 CSMT（中国）中心，专门开展超精密加工设备、自动化、压铸及注塑等领域的外国专家引进、技术转让、

---

① 韩婕，杨晓东.让企业成为人才聚集"主阵地"——"充分发挥企业引才用才主体作用"调研分析之二 [J].中国人才，2022（12）：5.

项目合作和产品研发业务。目前，该中心已引进国外智力项目4个，对接区内外企业200余家，引进外国专家35人次。举办经常性的高端人才智力项目对接活动，攻克产业技术瓶颈。如举办"海外人才科技周"，吸引来自欧美国家15家知名海外机构和20余位专家为区内70余家重点企业"把脉会诊"，解决了装备制造、精密加工等重点产业技术难题65个，达成合作意向15项。三是建设海外合作平台。充分利用地区在日本等驻外办事处及企业驻外机构等海外招商平台，积极推介海外引智政策和创业环境，吸引外国专家前来创业创新。同时，与德国SES组织、澳大利亚中国文化交流中心等机构进行战略合作，发挥其国际化人才优势，帮助招揽外国专家。四是集聚产业服务平台。建设了1.5万平方米的省级产业园——人力资源服务产业园。目前，有35家国内外高端人力资源公司入驻，涵盖人才猎头、人才测评、薪酬外包等外专工作的各个环节，为外国专家引进和服务提供市场化的专业支撑，已为企业引进所需的海外高层次人才100余人。

第二，坚持企业主体，努力实现洋为中用。始终把强化企业主体作为引智工作的重要手段，依托"民企引智·创新驱动"的探索实践，深化提炼了一批具有引领示范作用的国外智力转化模式，积极向相关产业进行复制和推广，引领一大批本土企业走上了引进外智的转型升级之路。一是产业延伸模式。通过引进产业链上下游各环节的外国专家，实现产业布局的延伸。比如，海伦钢琴在短短10年时间内，先后引进了美国、法国、奥地利钢琴设计、制作、调音、整理、检验等方面的外国专家，帮助企业实现了从贴牌加工到自创品牌再到成功上市的"三级跳"。二是高端引领模式。通过引进行业顶级外专，掌握国际领先技术。比如，成路集团旗下双马塑机引进了全球塑机行业领袖汉斯·沃泊博士，他带来了发明专利30多项，在他的帮助下，该企业按欧洲标准完成了26个型号EK系列中心锁模注塑机的研发和产业化，实现了由依赖进口到替代进口、由传统制造到中国"智"造的完美变身。汉斯·沃泊博士也因此入选了国家外专"千人计划"。三是消化提升模式。通过引进外专，实现国际领先技术、管理经验的消化吸收和转化提升。比如，维科丝网先后引进5名日本专家，共同组建了管理、研发和技术团队，推行"导师带徒"制度，全盘消化吸收了国际领先丝网企业的先进理念，不但突破了丝网产品的研发困境，还打破了高端丝网领域的国际垄断，企业也从传统纺织织造企业成功转型为中国第一、世界第五的丝网生产厂家。四是项目合作模式。通过引进国外专家团队创新项目，开展项目化合作。比如，海尔施引进以美籍专家吴勇博士为核心的美国生物制药创新团队，短短13个月内就研发出了8个分子检测试剂盒并申报了18项发明专利。这些产品量产后，每年可为公司新增销售收入3亿元，为公司上市注入了不竭动力。

第三，坚持服务创新，不断培育引智土壤。以"政策—服务—配套—组织"四位一体为支撑，提供专案化服务，着力营造有利于外国专家引进的国际化环境。一是出台专项政策。打造了"1+N+X"的人才政策体系，专门出台了《关于推进"国家引智示范区"建设的实施意见》，每年专列3 000万元国家引智示范区建设资金，率先设立区级海外引智项目培育扶持资金，形成"资本＋平台＋项目"集成性的政策支持体系。二是提供专业服务。成立了区人才综合服务中心，开设全省首个区级外国专家专窗，搭建专家引进、专家证和居留许可办理、项目申报等"一站式"服务的实体化平台，每年服务外国专家500余人次。同时，研发了"Hi-Beilun"微信公众号，为外国专家的工作、学习和交流提供精准、高效、便捷的私人定制服务。三是建设专门配套。开发了黄山绿岛、里仁花园等国际型小区，吸引20多个国家和地区的近200位外国专家入住。开办了爱学国际学校、滨海国际学校，聘用外国教师，采用欧美学制，开设国际课程。开设由外籍专家领衔的"国际门诊"，提供全程私密服务。四是成立专属组织。依托里仁花园等外国专家集聚区，成立玉兰社区居委会，开设"外国专家俱乐部"，实行外国专家轮值管理。俱乐部拥有稳定成员200余人，下设"国际志愿者协会""太太俱乐部"等一系列社会组织，经常性地举办国内外家庭结对、无偿献血、阳光捐献等活动，特别是每年举办的区海外人才联谊会，已经成为当地外国专家交流的特色平台。

综合本节对我国以及浙江省关于数字经济和数字产业发展的政策环境的解读，不难发现，无论是在国家层面还是在地方政府和有关部门层面，都为数字经济和数字产业发展提供了极大程度的政策支持，并且政策支持的力度处于逐年扩大的态势，这也说明未来数字经济和数字产业发展是我国经济发展的一条重要命脉，人才需求程度会不断增加，特别是高质量人才队伍的建设必然会成为关注的焦点。

第二节　立足"政产学研用"一体化模式加快数字人才队伍建设

从数字经济背景下浙江省数字产业发展的总体形势来看，高层次数字产业人才需求量正在不断扩大，人才缺口极为明显，其中学科领袖人才、技术领军人才、高级管理人才、产业后备人才缺口最为明显，全面加快数字人才队伍建设已处于迫在眉睫的状态。但是，高层次数字产业人才建设离不开政府、产业发展大环境、学校、科研机构、企业的共同努力，只有其协同合作，使得前提条件、动力条件、保障条件高度充分完善，才能使人才队伍建设效果趋于理想，使人才结构始终保持高度优化的状态。

一、紧抓"产教融合"人才培养模式不放手

从当前浙江省数字产业人才需求的总体现状来看，需求量大显然是不争的事实，但质量要求高更是毋庸置疑的客观存在，浙江省数字产业极为注重人才的实用性。因此，"政产学研用"一体化模式显然是加快数字人才队伍建设的理想途径，"产教融合"模式更是有力的抓手之一。在这里，著者认为必须先认清该模式在加快数字人才队伍建设步伐中的优势，之后再建立一套完善的"政企共享"人才管理机制，并科学研究与实践运

用系统合作的人才培养思路，最后才能打造出理想的发展生态。

（一）"产教融合"模式在数字经济下浙江省高层次数字产业人才结构优化中的优势

"产教融合"模式出自职业教育，是职业院校全面培养创新技术技能型人才的必经之路。在数字经济和数字产业飞速发展的今天，高层次数字产业人才的全面培养是重中之重，这是高层次数字产业人才结构优化过程中最基础的实践操作，浙江省也不例外。其间，"产教融合"模式作为"政产学研用"一体化模式中的基础，在有效优化浙江省高层次数字产业人才结构方面有着独有的优势，表现在两方面。

1.企业数字化转型中与高校深度合作，形成相互支持、相互合作、相互促进的发展势头

当前浙江省数字经济与数字产业发展的现实情况是，广大企业正在向数字化转型道路迈进，并且已经有一部分企业实现了产业转型，这也意味着企业对高质量人才的需求会不断增大。何谓"高质量人才"？其实质就是召之即来、来之能用、用之高效的人才。要确保人才达到这一目标，需要企业与高等院校之间保持紧密的合作，共同努力完成人才培养任务。高校要从企业对高质量人才的切实需求出发，与企业共同进行全方位的人才培养。从"数字浙江"到信息经济，到数字经济"一号工程"，到数字化改革……翻开浙江的发展史，会发现该省多年来发展力度不断加大，数字经济厚积薄发。

新形势下，浙江如何促进数字技术与实体经济深度融合，赋能传统产业转型升级，催生新产业、新业态、新模式，引领经济高质量发展？企业数字化升级转型是关键，也是大势所趋。目前中小企业在数字化转型过程中面临数字人才短缺、服务商匹配程度低以及高校人才培养滞后等问题。

要解决以上问题，就要增强龙头企业的示范作用，整体带动中小企业数字化水平提升。培育发展数字服务企业，为企业数字化水平提升架桥铺路，并加快培育数字技术和经济人才，助力企业数字化转型。要将目光聚焦于民营企业数字化升级转型之路，建议采取四个"加强"，即加强政策资金与专项资金支持相结合、加强近期人才与中期人才培养相结合、加强技术标准与战略架构设计相结合、加强技管能力与保密技术研发相结合。

其间，企业要参与高校专业课程的制定与设置，为之提供强有力的软件与硬件资源等，进而让浙江省数字人才队伍建设始终以高等院校为根基，以企业为重要支撑，形成相互支持、相互合作、相互促进的发展态势，满足浙江省数字经济和数字产业发展在人才层面的具体需求。

2. 有助于高校人才培养之路能够成为科学研究、科技服务之路

众所周知，企业数字化转型对技术层面要求较高，并且企业发展之路就是技术创新实践之路，所以掌握科技成果是人才必备的能力。但是，从以往高等教育人才培养的现实情况来看，理论研究往往是人才培养的重要内容，理论向科学技术的转化和科学技术的应用并没有成为高等教育人才培养的重要环节，所以走出高校的毕业生往往并不能成为真正的高质量人才，只能被称为学术型人才。而"产教融合"模式在高校人才培养中的应用，很好地调整了这一偏差，让企业科技研究成果能够进入高校人才培养全过程，让人才在校期间可以结合专业理论和技术发展的现实需要，不断进行科技研发，更好地服务于企业发展，这为高校数字人才插上了实践能力突出的"翅膀"，确保了浙江省数字经济与数字产业发展始终拥有源源不断的高质量人才，为形成理想化的高质量人才结构打下坚实基础。

（二）"产教融合"模式在加快数字人才队伍建设中的应用路径

在前文，著者已经明确阐述了"产教融合"模式在加快数字人才队伍建设，以及高层次数字产业人才结构优化中发挥的重要作用，如何才能确保其作用最大限度地体现出来，是广大学者必须高度关注的问题。下面就对该模式在加快数字人才队伍建设中的应用路径加以深入探讨。

1. 完成数字化转型的企业要与高校广泛建立合作关系

高层次人才是企业发展的核心力量，而获得人才的方式并不能局限于"登门造访"，更需要主动培养。对此，浙江省在通过"产教融合"模式加快数字人才队伍建设的过程中，极力倡导完成数字化转型的企业与高校之间广泛建立合作关系，通过"派订单"的方式与高校共同培养企业未来发展所需要的人才，这不仅是为了有效储备高层次人才，更有利于高层次人才结构的均衡发展。

2. 共建资源共享方案的同时明确其责任与义务

从数字产业发展角度来看，企业需要的高层次数字人才趋于"数字工匠""数字工程师"等技术型人才，但在高校日常专业课程建设中，学科理论课程占据了专业课程的大量课时，所以企业与高校广泛建立合作关系的同时，必须明确专业课程要围绕新技术、新技能人才培养这一中心来开设，与高校共同建立一套资源共享方案，并积极参与高校专业课程建设，共同参与课程设置、教材研发、课程教学、课程评价等环节，推动数字人才培养的目标性和层次性不断完善。

3. 打造高层次数字产业人才培养方案与实施路径

在数字经济和数字产业飞速发展的今天，在浙江省各企业完成数字化转型的过程中，高层次数字人才队伍的建设必须着眼于企业长远发展，通过"产教融合"模式培养高层次数字人才也必须有一套明确的培养方案与实施路径。其间，培养方案应涉及课程设置、教材研发、课程教学、课程评价等环节，方案中要有具体的人才培养现状分析、课程教材分析、培养目标、重点与难点、培养策略等。而在实施路径中，要以"引进来、走出去"的思想，让企业内部具有丰富科研经验和一线工作经验的从业人员深入高校，成为课程设置、课程教学安排、课程教学载体，从教人员，课程评价的主体，并采用相关方法，力求数字化人才培养的效果能够满足企业对高层次数字人才的总体需求。

案例 3：某研究院投资 + 孵化助力科技成果转移转化

一是以产业培育为抓手，积极助力浙江省数字化改革。该研究院率先做好数字经济产业战略布局，加大数字经济企业培育力度，加快数字经济生态体系建设，为数字化改革提供"研究院方案"。2021 年 6 月 28 日，其邀请有数、数秦、火石、码尚、云洋等 15 家院内数字经济企业，召开首次"数字化改革工作研讨会"，并提出"1+3"的工作模式。"1"即研究院牵头成立 1 个"数字经济协同创新中心"，主导并推动院内数字经济企业树立标杆，形成合力、抱团发展；"3"即重点聚焦数字农业、数字工业、智慧城市 3 大细分板块，通过"自己为主，院内企业为辅"的方式，不断整合并打通产业链上下游，使数字化赋能的手段更新、数据更准、覆盖更全、效率更高。在此基础上，承办了 2021 创客中国杭州赛区数字经济专场复赛。

二是以招大引强为目标，推动"卡脖子"硬科技项目落地。竹缠绕新材料是国家"十三五"重点战略专项，具有可再生、质轻高强、成本低、可降解、可循环等优势，可加工制造成压力管道、城市综合管廊、整体组合式房屋、交通工具的壳体等产品，在乡村振兴、双碳指标国家绿色发展的理念下，每年 30 万亿的竹缠绕（生物缠绕）产业空间，将极大撼动并颠覆水泥、钢铁等传统材料的地位。2021 年 1 月，郑栅洁省长对竹缠绕项目做出批示，"这是有利于环境保护，有利于转化通道建设，有利于资源利用的好事"。全息光存储项目得到中国工程院院士金国藩亲自推荐及肯定，该项目的核心技术达到世界一流水平。项目领军人累计发表国际期刊论文 150 篇、会议论文超 300 篇，获得发明专利超 150 项，其中国际发明专利 27 项。该项目的产业化将填补全球存储市场的空白，大力提高我国在信息存储产业中的地位，实现弯道超车，彻底颠覆全球现行的存储器市场。百星微电子项目专注于国内高性能模拟集成电路的设计和开发，创始人在美国硅谷深耕多年，入选国内第一批"千人计划"，具有全球领先的模拟芯片研发能力及市场转化经验，曾成功创办小蚁科技、齐感科技等人工智能、数字类芯片企业，核心团队来自美国、印度等多家国际半导体企业。求臻医学项目以新一代基因测序（NGS）和人工智能技术为基础，专注肺癌和消化系统肿瘤体外诊断试剂（IVD）设备及临床检测服务，业务覆盖国内超 300 家三甲医院，目前拥有超 300 人的海内外精英团队，其中博士 32 人，拥有 55 项专利、发表 SCI 文章 300 余篇，其中 30 余篇以第一著者身份发表在 *Nature*（《自然》）、*Science*（《科学》）、*Cell*（《细胞》）及其子刊上，相继满分通过多项国家卫生健康委临床检验中心（NCCL）、欧洲分子基因诊断质量联盟（EMQN）等室间质评。高密度轴向磁通驱动电机项目属于国家《新能源汽车产业发展规划（2021—2035）》核心技术攻关项目"高效高密度驱动电机"的核心解决方案之一，相较于目前新能源汽车使用的径向驱动电机，具有结构紧凑、磁场密度大、功率密度大、扭矩密度大等优势，可以填补我国狭小安装空间里大功率大扭矩电机的空白。大开度垂直升降式站台门项目领军人是高速铁路综合维修体设计领域的领军人物，荣获 19 项省部级以上奖励，授权发明专利 14 项、实用新型专利 102 项，主编及参编国家标准 4 项、主编专著 6 本。"四网联运"趋势下，设计出能够适应高铁、城际铁路、地铁等多车型混跑、耐高风压冲击的成熟的站台门系统技术和产品，目前仅国外有试点应用，国内仍处于空白。

三是以平台建设为支撑，加快一亿中流模式推广复制。上半年，杭州范围内，一亿中流加速器已与西湖区签约，杭州地区在上城、滨江、余杭实现品牌输出或模式复制，2022 年计划在杭州新拓展 3～5 个加速器项目。全国范围内，一亿中流加速器分别在上海、成都、西安、南昌、潍坊、泰安等城市落地。目前全国范围内园区运营面积已超 15 万平方米。总部基地板块一期落地上城区九堡地铁站，预计 2023 年交付，由一亿中流引进的两家优质企业老爸评测、星跃航远即将入驻。总部基地二期将与富阳区政府合作，共建"富春星球"数字产业基地。

二、"政企共享"人才管理机制深度完善

"政企共享"人才管理机制的深度完善，就是要强化"政产学研用"一体化模式在加快数字人才队伍建设中的效果，推动浙江省数字产业人才结构更加趋于理想化。图 6-2 直观体现了该机制的具体结构组成。

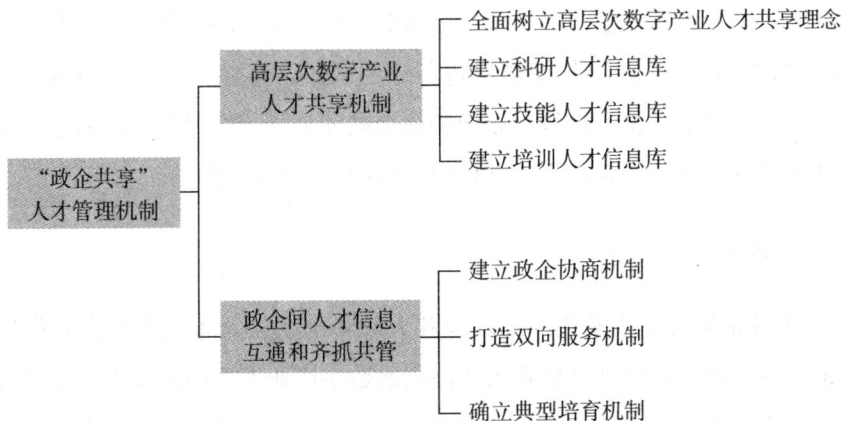

图 6-2　"政企共享"人才管理机制结构

（一）打造高层次数字产业人才共享机制

从人才管理角度出发，"共享"是人才结构优化的必要前提条件之一。数字经济下的浙江省构建"政产学研用"一体化模式，加快数字人才

队伍建设，实现其结构优化，要将"共享"二字视为重点，坚持"政企共享"，由此才能实现高层次数字产业人才的有效管理，最终达到结构优化的目的。具体而言，主要包括以下四个方面。

1. 全面树立高层次数字产业人才共享理念

高层次人才的作用与价值实现最大化的前提条件中，科学配置无疑是至关重要的，这可确保浙江省高层次数字产业人才作用与价值的高度发挥和体现。其中，人才共享理念的全面树立应成为重中之重，该理念的中心就是信息的全面收集与处理，并实现高度的公开化。

2. 建立科研人才信息库

应立足行业专家，并面向社会实现科研人才信息的高度共享。具体操作要结合行业有关专家提出的具体意见和建议，并广泛吸纳来自社会高层次数字产业人才的心声，极大程度地对企业关于高层次数字科研人才的拥有情况、需求情况、作用情况进行广泛收集、存储、整理、归纳、分析，并进行深度挖掘，最终向企业和社会高度公开，力保高层次数字产业科研人才的流动性更强，人才结构在无形中达到合理化。

3. 建立技能人才信息库

从当前我国经济发展的大环境和大趋势出发，人才的实用性是高层次的具体表现，所以浙江省在关于高层次数字产业人才的定义中，必须将技能型人才作为重要的内容，这也是鉴定人才是否达到高层次水平的重要依据。对此，在"政企共享"人才管理机制的深度完善中，必须将建立技能人才信息库作为一个重要内容，其构建方法依然与上文科研人才信息库建立总体思路相同，对行业内部企业技能型人才的拥有情况、需求情况、作用情况进行广泛收集、存储、整理、归纳、分析，并进行深度挖掘，最终向企业和社会高度公开，确保高层次数字产业技能型人才流动性得到有效提升，人才结构的合理化更为明显。

4. 建立培训人才信息库

高层次人才结构的优化必须要有充足的人才作为重要支撑，同时要不断提升人才自身的能力与素养，故培训人才就成为不可缺少的重要条件，也是均衡高层次数字产业人才结构的重要依托。

2019年5月召开的浙江优化人才服务政策举措新闻发布会中提到，2018年浙江新引进大学生51万人，比上年增长35%，新引进海外留学生3.2万人，比上年增长18%。其中杭州、宁波中高端人才净流入率分别为13.6%和8.5%，居全国第1位、第2位。

同时，浙江省人才服务平台应该成为高层次数字人才结构优化的有力载体。该平台旨在深化人才领域"最多跑一次"的改革，积极推进人才服务的数字化转型，打造"网上人才之家"，囊括涉及人才的政策、服务、评审、信息，实现人才创业创新各类事项"一网通办"。该平台要基本建成人才政策、人才资源库、公共服务、人才工程、项目展示和大学生实习六大板块，实现人才政策网上看、个人事项网上办、人才项目网上展、人才需求网上找、人才评审网上报等功能。办事烦琐是困扰人才的一大难题，可通过集成人才服务、优化办事流程、精简办事材料等方式，打造"一站式"公共服务平台，实现网上申报、受理和审批，人才点击鼠标就能办成事。以用户需求为第一信号，聚焦服务人才的"痛点""堵点"，不断改进迭代，努力将该平台不断加以完善，让人才、企业都爱用、善用这个平台。

此外，浙江应建立与重点企业、重点高校、知名科研机构的联系服务机制，对符合条件的人才免予提交签证和居留许可延期部分申请材料；优化外国人才来华工作许可流程，采用线上申请、容缺受理、先办后补、证书快递等方式，畅通高端外国人才来浙创新创业"绿色通道"；在国际人才生活服务方面，加快建设国际学校、国际医院、国际社区，积极推进外国高端人才服务"一卡通"工作，为在浙江的外国人才提供安居住房、子女入学、医疗保障、金融服务等便利化公共服务。同时，浙江还应推出"人才服务银行 2.0 版"，形成"人才卡""人才贷"和"人才惠"等产品系列，为人才提供企业流动性服务、资本市场服务和国际金融服务；深化人力资源服务产业园建设，完善园区公共服务功能，加快集聚人才寻访、人才测评、人力资源管理咨询等高端专业人才中介机构。随着人才引领发展共识的逐步形成，各地对人才的重视程度和服务水平都在提升，人才对服务的需求结构正在从"有没有"向"好不好"转变，这需要与时俱进，以新作为适应新形势。

其间，政府还要建立培训人才信息库，对企业现有的培训人才数量、培训人才需求情况、培训人才发挥的作用情况进行全面收集、存储、整理、归纳、分析，并对其信息进行数据挖掘，最终面向社会公开，由此确保高层次数字产业培训人才能够在企业中得到科学配置，促进高层次数字产业人才结构实现全面优化。

（二）实现政企间人才信息互通和齐抓共管

众所周知，人才结构优化离不开有效的管理，而管理工作的有效开展前提在于加快信息流动。为此，浙江省在加快数字人才队伍建设，并实现其结构优化的过程中，必须做到政企之间关于人才信息的有效互通，对二者要齐抓共管，由此让浙江省高层次数字产业人才充足的同时，结构也能实现有效优化。

1. 建立政企协商机制

全面确立政企协商制度，力求政府能够为企业发展提供更多政策性的服务，通过座谈会、企业调研、招商推介会的形式向企业征求意见，明确企业的数字人才需求方向，真正做到与企业人才需求相互对接。除此之外，还要充分挖掘商会的作用，在政府与企业之间形成一条韧性较强的纽带，确保经济和非经济层面的公共事务能够得到相互对接，力保政府能够对高层次数字人才进行合理分配。

2. 形成双向服务机制

通过建立企业数字人才问题办理制度，第一时间解决企业出现的数字人才需求问题。其中，制度本身要具有收集、整理、归纳以及分类办、限时办、办结反馈的特点，让企业所反映的数字人才需求问题能够得到高度关注，增大其解决力度，让政府能够为企业提供充足的数字人才保障，同时更好地进行高层次数字人才结构的优化。

3. 确立典型培育机制

政府要制定"树立企业先进典型"的相关规章制度，评价企业能否成为先进典型的标准不仅体现在企业创收情况上，还应包括企业数字人才引进、作用发挥、人才价值体现等多个方面。要让企业在高层次数字人才引进与作用体现方面能够有极为理想的范本，由此为高层次数字产业人才的培育，以及有效地进行结构优化提供理想的载体。

案例4：某国企集团把坚持党管干部原则和发挥市场机制作用结合起来

某国企集团是处在完全竞争领域的省属特大型国有控股集团，自2011年以来已连续6年入围《财富》世界500强。2015年，该企业打响了浙江国企混合所有制改革的"第一枪"，在省属企业中率先实现整体上市。2016年，该企业进行了以"混改＋整体上市"为主题的创新实践，作为地方国企之一入选国务院国资委国企改革12个样本。近年来，该集团党委认真贯彻落实中央、省委关于选人用人工作的决策部署，坚持党管人才原则，坚持以市场为导向，着力建设人才高地，为集团"一体两翼"转型发展提供强有力保障。

第一，坚持向市场要人才，着力加大引进力度。一是试点本级班子职业经理人选聘。为推动金融和高端实业等产业发展，经省委组织部、省国资委同意，集团公司正式发布选聘公告，公开向海内外市场化选聘 2 名分管金融和高端实业的本级班子职业经理人，开了省属企业班子副职市场化选聘的先河。新华社、人民网、《文汇报》《浙江日报》等媒体做了广泛报道。二是率先开展中高层管理人员选聘。2016 年在省属企业中率先推出 9 个中高层管理职位开展市场化选聘。放宽报名资格条件，集团内部人员在下两级岗位上达到一定任职年限后可以越级报名，集团外部人员如有《财富》世界 500 强、中国 500 强、大型企业相关任职经历均可报名；拓宽报名渠道，通过微信平台、专业人才网站进行全方位推广，与万宝盛华等 10 家知名的猎头公司签订合作协议，吸引外部人才积极报名；内部层层发动，要求符合相关条件的必须报名。报名人数共计达 371 人，通过资格预审查人员近 250 人，笔试环节入围人员 44 人，研究确定考察了解对象 12 人、正式选聘人才 6 人。三是大力推动成员企业市场化选聘。协同成员企业搭建平台引才、广开渠道聘才、点对点精准引才，通过"筑巢引凤、引凤筑巢"，近三年来共引进了曾在央企、阿里巴巴任职和具有华尔街从业背景的跨国金融人才等 110 余名。

第二，坚持对标市场，着力完善激励机制。一是建立市场化薪酬体系。一直以来，集团公司坚持"绩效理念"，制定实施与市场接轨的薪酬考核办法，"上不封顶，下不保底"，充分激发了各类人才创业创新的活力。为鼓励职业经理人干事创业，集团公司专门制定了定量与定性考核相结合的薪酬考核办法。以集团本级金融方向职业经理人为例，在百万基本年薪的基础上，如能出色完成分管收入、利润等指标，分业务取得重大进展，在价值认同、创新能力、业绩担当、廉洁自律等方面表现优秀，可实现 200 万～300 万年薪。二是探索股权激励约束机制。在 2015 年整体上市过程中，集团公司实行中高层经营管理骨干的持股计划，各层级职业经理人按职责业绩、贡献持有相应的份额。目前，集团公司正在探索持续保持经营管理骨干与企业共创共享的新机制新方法，适时推出新的中长期激励机制，其中职业经理人将是重点参与的对象。三是推行个性化激励机制。对下属公司相继引进的5名职业经理人，试行薪酬谈判机制，在职务职级上打破年龄、资历限制，根据工作需要、专业特长、市场价格定位给予任职定薪安排。结合不同行业、不同职位的特点设计个性化的激励机制，如商贸流通板块的超额利润分享机制、金融投资板块的跟投机制、外贸板块的经营者持大股机制等一系列面向市场的薪酬激励方法。

第三，坚持党组织在市场化选人用人中的作用发挥，着力把好"三关"。党的十八大以来，中央、省委突出强调要坚持党管人才原则，发挥党组织领导和把关作用。集团公司在市场化选人用人过程中，始终强化党组织在人才选聘中的责任，防止以票取人、以分取人，严格把好"三关"。一是把"推荐关"。在广开渠道向社会公开招聘的同时，集团公司党委在历次的选聘方案中都明确，上级组织部门可以根据掌握的企业领导人员情况进行组织推荐，所在单位根据内部现有人员情况进行择优推荐，合作的猎头公司等中介机构进行广泛推荐。二是把好"人选关"。集团公司党委旗帜鲜明地提出，打破资历、学历限制，不等于说对人选没有条件要求。为此，集团公司在市场化选聘中，要根据岗位履职的能力素质要求，把推荐条件作为必备要素，确保将价值认同、业绩突出的人才选拔出来。三是把好"程序关"。在严格按照市场化选聘"公开报名、资格审查、综合测试、考察了解、协商薪酬、决定聘用、签约备案"等10个程序中，集团公司党委严格规范动议提名、组织考察、讨论决定等干部管理的必备程序，确保党组织对市场化选人用人工作的领导权和把关权。

三、科学研究与实践运用的系统合作

数字经济的发展，就是人们通过大数据技术，对资源进行快速优化配置，甚至形成再生，让经济高质量发展成为现实。为此，企业数字化转型成为时代发展的必然，这也对人才需求提出了更高的要求。高层次数字化产业人才队伍建设要立足数字经济时代大背景，不断强化人才自身的研究视野和技能水平，科学研究与实践运用的系统合作也势必成为关注重点，这也是科学地进行人才结构优化的重要推手。下面就结合时代背景对科学研究与实践运用的系统合作的必要性加以说明，并对其具体实践操作做出明确论述。

（一）明确高层次数字产业人才队伍建设是国家战略需求的根本导向

高层次数字产业人才队伍建设通常被视是我国数字经济发展的重要组成部分，贯穿数字经济发展战略实施的全过程，故高层次数字产业人才队伍建设之路又被称为我国数字经济战略发展之路，人才队伍建设总体水平也决定着数字经济发展的高度，也是人才结构优化的有力推动条件。

1.发展数字经济是国家新时代重要战略决策之一

数字产业主要是以信息为主要的加工对象，通过一定的技术手段对其进行加工，进而形成相应的产品，并让产品广泛进入市场，从而带动产业利润的全面提升。这是数字产业在当今时代经济发展大环境下的明显优势，故发展数字产业也是一项极为重要的国家战略。而高层次人才是推进产业发展、确保国家战略规划全面实施的中坚力量，全面加强高层次数字产业人才队伍建设无疑与国家战略导向高度统一，也是必然结果。

2.高层次数字人才队伍建设是国家新时代战略实施的重要支撑

从当今时代发展的角度而言，我国经济发展大环境已经逐渐转向数字经济发展，产业数字化转型已经成为大趋势，并且社会经济发展的现实状况较为理想。浙江省作为数字经济发展的前沿阵地，企业数字化转型的步伐要领先。其中，真正让人才体现出"高层次"，并且能够做到有效的结构优化是全面体现人才时代价值的必然要求。

（二）面向国际前沿是高层次数字产业人才队伍建设的必然要求

自主进行科学研究是数字产业人才必须具备的一种基本素质，而高层次人才则要将科学研究的视角扩大，放眼国际就成为必然的要求。其中，既要关注国际前沿的研究动态，还要关注最新的实践成果，只有这样方可确保高层次数字产业人才队伍建设的整体质量得到全面提升，人才结构优化也因此会在无形中拥有更为坚实的基础条件。

1. 关注国际最新研究成果是数字人才高层次的具体表现

高层次人才无论是在科研领域还是在实践领域都要关注最新的研究成果和实践成果，所谓"新"，不仅仅局限于国内，更要放眼国际，博采国内外之众长，不断完善自己的研究，这是高层次人才必须具备的一种基本素质，这能使高层次人才的趋向更为明朗，也有助于人才结构的科学优化。浙江省高层次数字产业人才队伍建设与人才结构优化也是如此。

2. 分析、归纳、总结国际最新研究成果是高层次数字人才必备的能力

关注国际学术研究成果和实践成果显然并不能满足高层次人才队伍建设和结构优化的总体要求，在此基础上，还要做到对其成果进行系统的分析、归纳、总结，从中找出成果的创新之处和可提升的空间，进而不断提升自身在学术研究和成员研究方面的能力水平，这更有助于自身的长远发展，有助于高层次数字产业人才队伍的建设以及人才结构的科学优化。对此，浙江省在全面建设高层次数字产业人才队伍，并对其结构进行科学优化的过程中，要高度重视培养人才的这一能力。

（三）在实践中谋求创新是高层次数字产业人才队伍建设的核心所在

对科学研究成果的实践运用的根本意义在于把具有突破性或颠覆性的研究成果转化为产品，颠覆人们关于时代的固有认知，进而让社会经济发展的动力更加强劲。数字经济背景下的高层次数字产业人才正肩负着这一历史使命，所以"在实践中谋求创新"就成为当下乃至未来高层次数字产业人才队伍建设的核心，更是衡量人才结构合理性的一项重要指标。

结合数字产业飞速发展的必然条件来看，数字创新无疑是"灵魂"所在，而在数字产业发展过程中，赋予其"灵魂"的并非研究成果的提出，而是在实践操作中让理论成果得到强有力的转化，让知识创新在技术技能实践中充分展现出来。这也是高层次数字产业人才队伍建设的关键点，更是有效进行人才结构优化的重要依据。

四、依托职评制度和通道构建理想发展生态

从立足"政产学研用"一体化模式加快数字人才队伍建设，以及有效实现人才结构科学优化的保障条件出发，有效进行职称评价也是至关重要的一项，能够为构建理想的发展生态提供重要的支撑。其中，完善人才评价标准、开设高层次数字产业人才职称评审绿色通道、建立高层次数字产业人才技能职评制度三个条件必不可少。

（一）完善人才评价标准

有效确定评价标准是建立一套完整的评价体系的基础，也是评价活动的价值尺度，评价标准不同必然会产生不同的评价结果，直接影响人们对某一方面的判断或决策。为此，在立足"政产学研用"一体化模式加快数字人才队伍建设过程中，确定哪些人才可以被认定为已经处于高层次，享有开启职称评审绿色通道或技能职评资格，评价标准显然发挥着至关重

要的作用，直接关乎高层次人才循环交替的有效进行，并影响人才结构的科学性与合理性。因此，完善人才评价标准是浙江省高层次数字产业人才队伍建设中构建理想发展生态的首要环节，具体操作如下。

1. 要以科研活动、岗位类别、人才不同阶段的成长特点为立足点

从浙江省数字产业发展的进程与效果来看，全面发展已经成为大趋势，各个领域的众多企业已经实现了数字化转型，还有一些企业正处于转型阶段。它们对高层次数字人才的需求程度普遍一致，需求量较大，但涉及的方向各有不同。因此，在确保高层次数字产业人才全面引进的前提下，建立切实可行的职称评价标准成为至关重要的一环，评价标准是否科学与合理也事关人才队伍的结构能否保持优化的状态。著者认为立足科研活动、岗位类别、人才不同阶段的成长特点三方面完善其评价标准效果较为理想。

2. 要将行业科研成果与实践成果作为评价标准

在数字经济飞速发展的今天，浙江省作为"先驱大省"，其数字产业发展取得了辉煌的成就，一系列科研成果和实践成果在其中起到强有力的支撑作用。因此，在评价高层次数字产业人才时，评价标准中必须涵盖行业科研成果与实践成果两项内容，由此确保之后各项评价工作的有序进行，同时使人才结构的合理优化能够拥有客观依据。

（二）开设高层次数字产业人才职称评审绿色通道

从高层次数字产业人才队伍建设可持续性的目标出发，在最短的时间内让具备高水准的人才补充到人才队伍之中，并以最快的速度发挥其作用和价值，显然是重中之重。要做到这一点，开设高层次数字产业人才职称评审绿色通道是最为理想的途径之一，也是优化高层次数字产业人才结构必不可少的基本条件。具体操作应包括以下两方面。

1. 建立浙江省数字人才高级职称评价直接申报机制

数字人才高级职称评价直接申报机制构建的主要目的是提升高层次数字产业人才职称认定的效率，让更多的高层次人才能够进入浙江省数字产业发展大环境中，努力为之做出贡献，同时在产业内部形成良好的优胜劣汰环境，确保人才结构的优化体现出无形化特征。该机制的构建主要体现在三方面：一是打通高级职称申报渠道，二是优化高级职称评价方式，三是开放无障碍申报渠道。

2. 让高层次数字产业人才破格申报高级职称在浙江省成为可能

破格申报高级职称在浙江省高层次数字产业人才建设中并没有完全实现，其主要原因就是破格申报的标准未能得到清晰的界定和明确，破格申报的资格还需要进一步完善。著者认为具备三方面条件就可以被认定为具备破格申报的资格，即获得相关从业资格证书、获得相关技能水平证书、获得两项及以上国家专利或省市级相关科技成果奖。这样可以让高层次数字产业人才破格申报高级职称在浙江省成为可能，极大程度地推动高层次数字产业人才队伍建设，同时能够让人才结构科学优化拥有又一有力抓手。

（三）建立高层次数字产业人才技能职评制度

就高层次数字产业人才队伍发展的可持续性而言，只有做到让源源不断的新人才补充进来，才能确保人才队伍始终保持良好的新陈代谢，始终为数字经济发展提供不竭的动力，人才结构也才能始终处于高度优化的状态，最终形成一个理想的发展生态。其中，建立高层次数字产业人才技能职评制度显然至关重要，具体操作应注重以下三方面。

1. 以国家职业标准相关规定为基础

所谓的"国家职业标准"指的就是"国家职业技能标准"，是我国评价从业人员技能水平和综合素质的重要依据，也是我国各领域开展职业技能培训的重要依据。为此，在浙江省高层次数字产业人才队伍建设中，构建技能职评制度必须将国家职业标准相关规定作为重要依据，这样人才队伍的高层次才能客观地体现出来，人才培训和结构优化的依据才更加充分。

2. 明确技术攻关与工作效率相结合的鉴定视角

高层次数字产业人才所从事的研究领域和实践项目各有不同，按照统一的视角进行技能职评显然过于片面，极易造成职评制度有失公允。对此，浙江省在高层次数字产业人才队伍建设，以及人才结构优化的过程中，必须强调将技术攻关与工作效率相结合作为鉴定视角，从而使人才队伍始终保持高层次水平，让有效进行人才结构优化拥有更为坚实的基础条件和保障条件。

3. 建立完善度极高的直接认定评审内容

直接认定评审主要应涵盖思想品德、工作能力、培训提高、工作业绩、科技成果（含发明创造）等多项内容。就思想品德而言，主要针对职业道德水平和工作态度两方面进行评审；工作能力方面，主要对其职业能力范围内的技术实操能力、解决关键性技术难题能力、知识与技能创新能力和传授能力四方面进行评审；培训提高方面，指参加企业或行业内部组织培训活动的具体情况，学习新技术、新材料、新工艺的成果等方面；就工作业绩而言，主要立足能够为企业或行业发展所做出的贡献，以及所获得的相关称号等方面内容；科技成果（含发明创造）方面，主要将省级科技成果（含发明创造）四等奖，或市级三等奖，以及获得两项国家专利作为重要的评定内容。

从本节内容可以看出，在数字经济背景下，浙江省高层次数字产业人才队伍建设是一项极为系统的工程，既要做到高度明确人才队伍建设的基本模式，又要做到人才管理工作的视角以及基本动力条件得到全面优化，还要拥有极为有力的保障条件作为支撑，由此方可确保浙江省高层次数字产业人才队伍建设的实践路径更加系统化，同时使人才结构优化的视角也得到进一步拓宽。

第三节　基于"双招双引"推动高层次数字产业人才结构优化

"双招双引"是我国全面加快经济发展步伐，确保经济发展始终处于又好又快状态的一项重要工程，全国各省市都在围绕该工程寻求经济快速发展之路。数字产业发展也要以"双招双引"工程为中心，在各个阶段、各个环节不断进行优化和调整。浙江省在有效优化高层次数字产业人才结构的过程中，无疑也要将"双招双引"作为契机，具体应包括图6-3中的各个细节。

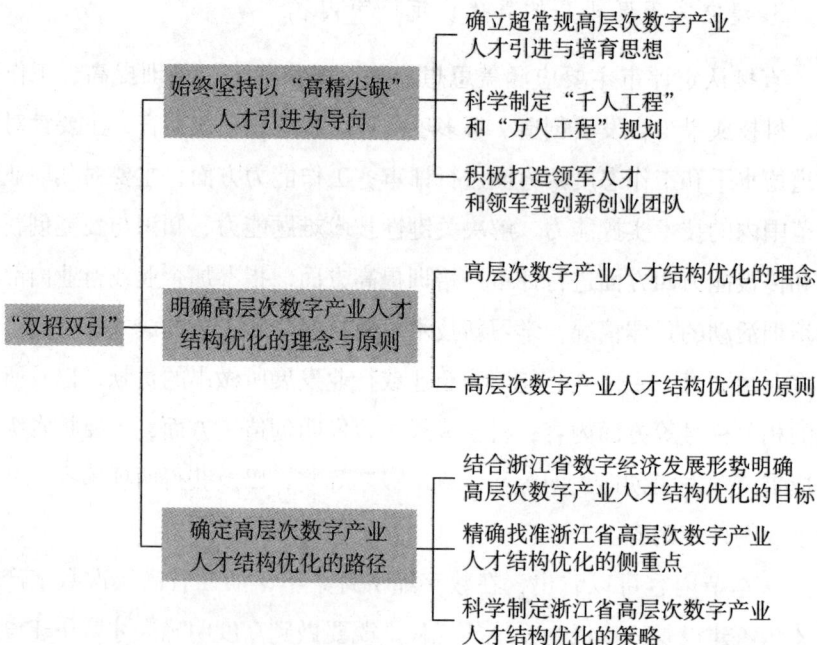

```
                                    ┌─ 确立超常规高层次数字产业
                                    │  人才引进与培育思想
              ┌─ 始终坚持以"高精尖缺" ┼─ 科学制定"千人工程"
              │  人才引进为导向       │  和"万人工程"规划
              │                      └─ 积极打造领军人才
              │                         和领军型创新创业团队
              │
              │  明确高层次数字产业人才 ┌─ 高层次数字产业人才结构优化的理念
"双招双引" ─────┼─ 结构优化的理念与原则  │
              │                      └─ 高层次数字产业人才结构优化的原则
              │
              │                      ┌─ 结合浙江省数字经济发展形势明确
              │  确定高层次数字产业     │  高层次数字产业人才结构优化的目标
              └─ 人才结构优化的路径   ┼─ 精确找准浙江省高层次数字产业
                                    │  人才结构优化的侧重点
                                    └─ 科学制定浙江省高层次数字产业
                                       人才结构优化的策略
```

图6-3　"双招双引"视角下的高层次数字产业人才结构优化路径

数字经济是大势所趋，浙江省把数字经济列为"一号工程"，全面建设数字经济强省不是偶然。经过几年的发展实践，浙江省在数字经济方面已经拥有了独特的优势，不管是数字产业化还是产业数字化，都已走在全国前列。有了良好的基础，未来浙江省在数字经济方面将大有可为。在数字产业化方面，通过孵化培育，在"感传知用"整个数字化产业链中，浙江省会涌现出更多单料冠军；在产业数字化方面，在浙江省一些龙头企业的带动下，越来越多的企业会加入数字化转型中，实现互联网、大数据、人工智能与实体经济的深度融合，通过数字化转型实现创新发展。

发展数字经济，最大的挑战还是人才的挑战。浙江省有较丰富的高校资源，在培养数字人才方面优势较大，能源源不断地为企业输送优秀人才，支撑企业长远发展。

通过图 6-3 所呈现的相关信息，可以直观感受到在"双招双引"视角下开展高层次数字产业人才结构优化工作具有极强的系统性，不仅要以明确的思想和规划作为支撑，还要打造出一支较为完善的团队，要在明确的优化理念和原则指引下，抓准侧重点，这样方能将其转化为现实。

一、始终坚持以"高精尖缺"人才引进为导向

高层次人才始终是促进数字经济飞速发展的中坚力量，但是人才结构不合理也会导致数字产业发展不均衡。在"双招双引"背景下，高层次数字产业人才的科学引进并保持结构高度合理至关重要。基于此，著者认为浙江省作为数字经济强省，在高层次数字产业人才结构优化实践中，要始终坚持以"高精尖缺"人才引进为导向，有针对性地引进与培育人才，让有效优化人才结构拥有扎实的基础条件。

（一）确立超常规高层次数字产业人才引进与培育的思想

"双招双引"是全面推动我国数字经济发展的一项重要举措，人才引进与培育工作是其重点，全面引进和培育"高精尖缺"人才就成为有效进

行人才结构优化的起始点。这就意味着人才引进的思想不能拘泥于常规，要以超常规的思想将其转化为现实。人才引进与培育的对象必须高度明确，具体体现在以下方面。

1. 引进和培育企业首席信息官

企业首席信息官其实质就是企业一切信息的主管，承担企业信息技术和系统的管理任务，也是高级工程师。在当今数字经济飞速发展的时代大背景下，"信息主宰""科技制胜"已经成为时代的代名词，信息主导成为企业完成信息化转型并在数字经济时代拔得头筹的关键，故加大企业首席信息官的引进和培育力度是高层次数字产业人才引进必不可少的选择。

2. 引进和培育高级软件工程师

从数字经济发展的角度来看，软件开发作为企业发展不可或缺的一个环节，是企业将品牌和产品全面推向市场的重要载体，也是企业数字化转型过程中必须具备的软件条件。对此，高级软件工程师就成为数字经济背景下数字产业发展的稀缺人才，行业内部有效引进并自主培育出此类人才，必然能保证数字产业始终处于又好又快的发展态势。

3. 引进和培育计算机应用专家

计算机应用技术是全面推进我国数字经济发展的重要技术力量，所以该领域的相关专家更是数字产业发展中急需的人才。故此，浙江省在全面建设高层次数字产业人才队伍，并全面优化其人才结构的过程中，要将计算机应用专家的引进和培养作为一项重要任务，由此确保该领域的技术运用更好地为浙江省数字产业发展服务。

4. 引进和培育系统分析员

在前边"数字经济"定义中，明确了信息在企业数字化转型和发展中的重要作用，也明确了数字经济发展与先进的信息技术和科学技术之间的具体关系。系统分析员是专业从事计算机应用系统分析和设计，全面提高信息捕捉、处理、存储、分析、挖掘能力，确保一系列产品成果全面产出的中坚力量，必须成为数字经济背景下浙江省高层次数字产业人才引进和培育的主要对象，也是人才结构中必不可少的重要组成部分。

（二）科学制定"千人工程"和"万人工程"规划

"千人工程"和"万人工程"是我党在各个不同历史时期为了满足时代发展要求所提出的战略构想，在各个时期各个领域的发展中都高度适用。在数字经济快速发展的新时代，浙江省在依托"双招双引"战略全面进行高层次数字产业人才培养，实现人才结构的高度优化中依然要将"千人工程"和"万人工程"规划视为战略重点。

1. 明确"千人工程"和"万人工程"是时代发展的大势所趋

这两项工程并不是在数字经济时代发展背景下所提出的，而是起源于20世纪90年代中期，但是其具体措施在各个时代发展大背景下都切实可行，其目的就是将我国全面建设成为社会主义现代化国家。党的十九大的胜利召开，标志着中华民族已经进入全面建设新时代中国特色社会主义现代化国家的历史新阶段，数字经济发展的势头由此愈发强劲，高层次数字产业人才的需求量进入大幅增加的新阶段。"千人工程"和"万人工程"既是时代发展大趋势下的现实需求，更是全面推进人才结构优化的战略基点。

2. 明确"千人工程"和"万人工程"的战略目标

从我国数字经济宏观和长远发展角度来看，在中华人民共和国成立百年之际，将我国建设成为中国特色社会主义现代化强国是党的战略目标。浙江省必须紧紧围绕这一战略目标，将中国数字经济发展强省作为重要战略目标，其战略部署必须做到高度明确，即到2035年，培养出数千名具有世界科技前沿水平的数字产业人才，数万名具有国内领先水平并在各领域有较高学术技术造诣的学科领袖人才，数万名数字产业后备人才，以此确保浙江省数字产业发展进程的不断加快，助力我国数字经济又好又快发展。

3. 确立"千人工程"和"万人工程"的具体实施阶段

主要明确在某一时间段内要培养哪一领域、哪一年龄阶段和类型的人才。针对浙江省数字经济发展大形势，高层次数字产业人才培养计划要在 2030 年培养 400～500 人或更多年龄在 40～45 岁的学科领袖人才，截至 2035 年学科领袖人才达到千人或以上。截至 2035 年，能够培养出数万名产业后备人才，其他领域也是如此。以上三项内容的明确和确立，对浙江省数字产业人才结构优化起到了无形的推动作用。

（三）积极打造领军人才和领军型创新创业团队

领军人才和领军型创新创业团队是数字经济时代背景下，全面加快数字产业发展进程的核心动力。为此，浙江省在全面优化高层次数字产业人才结构的过程中，应将领军人才和领军型创新创业团队作为结构的重要组成，积极打造更多高层次领军人才和领军型创新创业团队，具体包括三方面内容。

1. 确立"全球英才汇聚"的人才引进与培育视角

当前，浙江省数字产业发展的大环境较为理想，杭州、宁波、温州、绍兴等城市已经走在了我国数字经济发展的前列，形成了高度开放、兼容并包的产业发展格局，汇聚全球英才，成为当下乃至未来浙江省数字经济发展中数字产业实现又好又快发展的关键环节。对领军人才和领军型创新创业团队的引进与培育来说也是如此，必须将其作为数字产业人才结构中不可缺少的一部分。

2. 明确"引""育""用"并行的实施方针

全球英才汇聚的目的非常明确,就是要确保数字产业发展过程中拥有更多的可用人才,并带动高层次数字产业人才的培养,储备高层次后备人才。在这里,"引"与"育"两个环节都是为了有人才可用,而且始终有充足的人才可用。对此,"引""育""用"并行就成为打造领军人才和领军型创新创业团队的实施方针。

3. 依托专项政策建立并落实相关事实策略

从目前浙江省为加快数字经济发展进程、全面推动数字产业发展所提供的相关政策来看,无论是在"人才高地 20 条",还是在《浙江省数字经济发展"十四五"规划》等政策中,都将 2025 和 2035 年作为重要的时间节点,数字经济和数字产业都以其为发展阶段,制订相关的战略规划和实施策略。在打造领军人才和领军型创新创业团队过程中,应使省人才、省科技厅、省内知名企业之间保持联动,委派服务专员进入企业和科研院所(或机构),详细了解数字产业发展现状和人才需求的大方向,并根据各方给出的数据进行深入挖掘,带领富有成功经验的领军人才和创新创业团队进驻企业和科研院所,为之提供精准指导,传递成功经验,同时要注意培育实用性较强的创新创业团队,全面助力本省数字经济发展和企业转型。

二、明确高层次数字产业人才结构优化的理念与原则

人才结构优化是一项较为系统的工程,系统性主要体现为优化的目标必须做到高度明确,优化的方案必须做到切实可行,优化的措施必须具有高度的实操性,由此方可确保人才结构优化能够实现,人才对各项事业均衡化、又好又快发展起到强有力的推动作用。"双招双引"战略下的浙江省数字产业高层次数字人才结构优化也应当如此,要将明确相关的理念

与原则放在重要位置。

（一）高层次数字产业人才结构优化的理念

浙江省数字经济发展大环境极为理想的根本前提不仅在于相关政策的大力支持，更重要的是数字产业人才的作用和价值得到最大程度体现。其中，高层次数字产业人才的科学管理功不可没，确保人才结构高度科学合理是其中至关重要的一环，其理念必须具有高度的先进性。

1.始终坚持"人才强国"战略理念

"人才强国"战略的提出，是为了满足不同时代背景之下我国各项事业的可持续发展需求，最终实现又好又快发展的目标。该战略的核心思想是结合我国社会各项事业发展的实际情况，强调人才的战略主体性，通过有效的引进、培养、管理、运用，促进我国各项事业的全面发展。在数字经济取得全面发展的大背景下，浙江省数字产业始终保持着可持续且又好又快发展态势的关键主要在于两个方面：一是高层次数字产业人才的全面引进和培育，二是高层次数字产业人才的科学管理。故"人才强国"战略理念必须得到永久性的坚守。

2.就地引才的理念

浙江省高层次数字产业人才结构的调整应要有完善的前提条件、充足的动力条件、强有力的保障条件作为支撑。完善的前提条件即高层次数字产业人才的引进渠道要保持多样化；动力条件指对人才结构的合理性不断进行实时分析，全面落实人才结构优化措施；保障条件则体现为对人才结构合理性进行有效监督与评价。不可否认的是，任何环节的落实都必须要有"引才"这一条件给予全力支持，所以必须把政策引才、外出引才、就地引才作为浙江省高层次数字产业人才结构优化的重要理念。

3. 持续服务与科学管理的理念

高层次数字产业人才结构优化的目的是使各领域人才配比合理，避免高层次数字产业人才资源闲置的情况出现，极大程度地防止高层次数字产业人才资源浪费的问题产生。对此，始终为高层次数字产业人才提供有效引导与服务，并且以科学的措施进行管理就成为浙江省高层次数字产业人才优化必须坚持的理念之一，也是确保高层次数字化人才作用价值最大化的基本前提条件。

（二）高层次数字产业人才结构优化的原则

前文已经通过相关的数据明确指出了浙江省数字产业发展的现实状况，并立足有关政策，充分指明了未来浙江省数字产业发展的基本态势，从中可以看出高层次数字产业人才缺口巨大，人才结构需要加以深度优化。结构优化的基本原则是否合理显然会对人才结构优化的结果造成严重影响，下面就从未来发展的角度说明其原则。

1. 竞争原则

竞争是促进市场发展的外在动力，而竞争归根结底是企业之间的竞争，依靠的是高层次人才。当前浙江省诸多企业已经逐渐完成了数字化转型，企业之间竞争的激烈程度必然会迈向新的高度。在这种市场竞争大背景下，浙江省要优化高层次数字产业人才结构就必须保持激烈的竞争形势，故竞争原则是高层次数字产业人才结构优化的基本原则。

2. 互补原则

在数字经济背景之下，数字产业均衡发展显然是广大专家、学者、有关主管部门最基本的追求，并且这一追求也已经转变为现实，高层次数字产业人才从中发挥出明显的作用。为此，在数字经济飞速发展的时代大背景下，浙江省高层次数字产业人才结构优化必须以互补性为重要原则，各项措施的制定与实施必须将其视为重要出发点。

3. 可持续原则

产业的可持续发展无疑是我党在当今时代对社会经济发展所提出的基本要求。经济发展离不开高层次人才共同为之付出努力，更离不开科学高效的人才管理工作。对此，数字经济背景下，浙江省在高层次数字产业人才结构优化过程中，要把可持续原则作为重中之重，这也是浙江省数字产业实现并永久保持又好又快发展态势的关键条件。

三、确定高层次数字产业人才结构优化的路径

在"双招双引"背景下，浙江省高层次数字产业人才结构调整无疑拥有了较为明确的方向，但并不等同于已经拥有了较为完善的实践路径。图 6-4 简单概括了其优化路径。

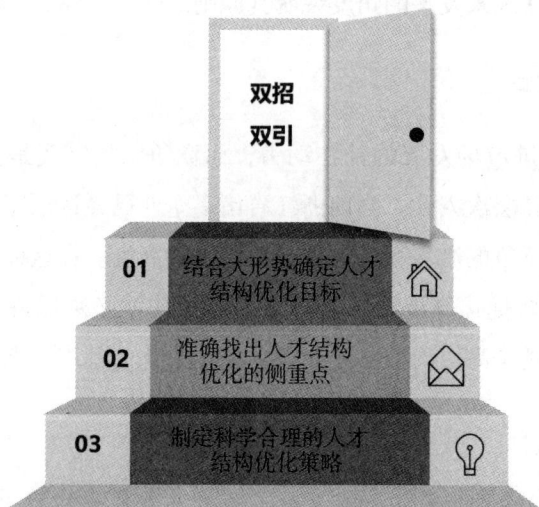

图 6-4 "双招双引"视角下的浙江省高层次数字产业人才优化路径

如图 6-4 所示，在"双招双引"背景下，完成浙江省高层次数字

产业人才结构优化需要拥有较为系统的实践路径作为支撑，而准确确定相关目标、找出侧重点、明确策略三个因素缺一不可。下面就以"高精尖缺"人才引进与培育为基本导向，以高层次数字产业人才结构优化的理念与原则为立足点，对高层次数字产业人才结构优化的路径加以分析。

（一）结合浙江省数字经济发展形势明确高层次数字产业人才结构优化的目标

确定目标是一切实践活动达到最终目的的基本前提条件，基于"双招双引"推动高层次数字产业人才结构优化也不例外。在优化过程中，优化目标应体现出由微观向宏观延伸的特征，应包括以下三个具体方面。

1. 浙江省各区域数字产业发展优势充分彰显

高层次数字产业人才主要是指学科领袖人才、技术领军人才、高级管理人才和产业后备人才，他们能够在企业科研、管理、经营活动中发挥强有力的攻关作用、引领作用、推动作用、服务作用，各企业也会因为具备这些高尖端人才而在数字产业发展中更具核心竞争力。为此，浙江省必须充分挖掘本省具有数字产业发展优势的区域，并将其优势充分展现出来，有力地推动全省数字经济发展。在此期间，必须保证高层次数字产业人才数量充足，由此方可确保各区域数字产业发展能够具备最根本，也是最关键的条件。

2. 各区域数字产业高层次人才的科学配比

在明确高层次数字产业人才是各区域充分彰显数字产业发展优势关键条件的基础上，要确保各区域数字产业发展的总体要求和总体规划保持高度一致，而这也意味着人才配比要保持高度的合理性。也就是说，各区域不仅要保持人才的充足性，同时在学科领袖人才、技术领军人才、高级管理人才和产业后备人才方面也要保持科学配比，从而让全省各区域数字产业发展的空间都能得到最大限度的挖掘，让高层次数字产业人才真正为全省数字经济发展服务。

3. 浙江省数字经济始终保持可持续和又好又快发展势头

在明确高层次数字产业人才是各区域充分彰显区域数字产业发展优势关键条件，并实现人才配比高度合理的基础上，要让高层次数字产业人才在全省数字经济发展中的作用与价值充分体现出来，而这也正是人才结构科学优化的最终目标。其间，其作用体现为始终确保全省各区域数字经济保持可持续发展状态，其价值主要体现为推动全省数字经济又好又快发展的步伐进一步加快，让浙江省数字经济发展始终处于全国前列。

（二）精确找准浙江省高层次数字产业人才结构优化的侧重点

在数字经济飞速发展的时代背景下，浙江省数字经济发展无疑走在了全国前列，高层次数字产业人才发挥了最核心的推动作用。在这一背景之下，"双招双引"战略无疑是未来浙江省数字经济发展的必由之路，这对全省高层次数字产业人才结构优化来说，是更为严峻的挑战，也必然会带来前所未有的新突破。在确定高层次数字产业人才结构优化路径中，明确其目标只是首要环节，而中间环节是精准找出其侧重点。

1. 明确有效进行浙江省高层次数字产业人才结构优化的前提条件

众所周知，在进行区域人才结构优化的过程中，必须要对区域经济发展的现实情况、切实需求、未来发展的目标进行深入分析，由此才能确保区域经济发展的优势条件更加明确，人才需求的总体方向和需求程度更为客观。浙江省高层次数字产业人才结构优化也是如此，这也是科学优化人才结构的基本前提。

2. 确定实施浙江省高层次数字产业人才结构优化的必要因素

在明确浙江省高层次数字产业人才结构优化的前提条件之后，要对必要因素做出深入分析，包括高层次数字产业人才的活跃度与贡献度两个必要因素，这样才能确保人才结构优化的科学性与合理性更高，在人才全力推动各区域企业完成数字化转型的同时，实现数字产业规模不断扩大和全省数字经济迅猛发展的最终目标。

（三）科学制定浙江省高层次数字产业人才结构优化的策略

策略是实施路径的重要组成部分，策略是否高度明确直接影响到实践路径是否能够体现出实际的应用价值。为此，在"双招双引"背景下，探寻浙江省高层次数字产业人才结构优化的路径，必须将科学制定浙江省高层次数字产业人才结构优化的策略作为最终环节，主要包括三方面。

1. 客观明确浙江省高层次数字产业人才的聚集程度

浙江省数字经济发展所取得的成功是过去努力的结果，进一步加快又好又快发展的步伐则是未来发展的目标，其中高层次数字产业人才的高度聚集虽然发挥了至关重要的推动作用，但是高度聚集能够达到的程度，将影响本省数字经济能否进一步实现又好又快发展的目标。对此，在进行浙江省高层次数字产业人才结构优化过程中，应该先明确其聚集程度。

2. 分析浙江省高层次数字产业人才的活跃程度

人才活跃度主要是指在一定区域内的人才流动程度，流动性较大说明人才引进速度和淘汰速度较快，是人才总体质量水平不断提升的重要表现之一。对此，在浙江省高层次数字产业人才结构优化过程中，对其活跃度进行全面而又客观的分析显然至关重要。其中，既要对全省各个区域的人才活跃程度进行深入分析，又要对各个区域的人才迫切需求方向进行深入分析，由此方可确保各区域不同领域的人才配比高度合理。

3. 深入研究浙江省高层次数字产业人才的贡献程度

贡献程度是评价人才社会作用与社会价值的重要指标之一，贡献程度大小也直接决定着人才是否顺应该领域的时代发展大背景和大方向，因此它可以作为人才结构优化的一项重要指标。对此，在"双招双引"战略背景下，浙江省高层次数字产业人才结构优化过程中，必然要将深入研究浙江省高层次数字产业人才的贡献程度放在重要位置，由此来充分保证人才结构科学化与合理化，同时让其在各个领域都能为推动本省数字经济发展做出积极贡献。

纵观本节所阐述的观点，不难发现，在"双招双引"大背景下，浙江省高层次数字产业人才结构优化的方案必须做到高度的系统性。其中，既要有明确的导向作为支撑条件，又要有先进的优化理念和优化原则作为重要前提，还要有明确并极具可行性的优化策略作为保证，由此方可确保浙江省高层次数字产业人才结构优化的科学性及合理性。

第四节　围绕浙江省数字产业发展规模优化
高层次数字产业人才

人才结构的优化是人才资源高效利用和避免资源浪费现象出现，并最大限度发挥其作用与价值的重要保证，所以在各个领域发展的过程中，要确保可持续发展和又好又快发展，都会将科学合理地进行人才结构优化视为重中之重。在浙江省数字经济飞速发展的今天，要保证其可持续发展和又好又快发展，自然要将高层次数字产业人才结构优化放在重要位置。其必然途径就是客观认知浙江省数字产业发展规模，依据数字产业高层次人才聚集度、活跃度、贡献度优化人才结构，最终实现数字产业高层次人才的"集聚裂变"。

一、浙江省数字产业发展规模概述

众所周知，产业发展与高层次人才需求成正比，产业发展规模不断扩大意味着人才需求量较大，反之则不然。其中，产业人才需求量与人才结构优化的难度也呈现正比关系，产业人才需求量越大，说明人才结构优化的复杂性越高，反之亦然。因此，对浙江省数字产业人才结构优化而言，必须先高度明确其产业发展规模，再对产业人才结构优化方案进行深入分析。

（一）数字产业经营模式的多样化

数字产业经营模式多样化发展是数字经济发展势头强劲的重要表现，具体表现在高层次人才需求总量的不断扩大，以及人才结构的高度合理。为此，浙江省在数字产业人才结构优化的过程中，必须以本省数字产业发展规模为重要依托，厘清产业经营模式发展现状，让人才结构优化拥有更为坚实的根本。表 6-5 对浙江省数字产业经营模式进行了概括。

表 6-5　浙江省数字产业经营模式一览表

数字产业经营模式	经营模式的特点	企业及机构总数
打造平台赋能服务商	扩展平台服务的功能	
服务中小型企业	拓宽平台服务的范围	共计 219 家
"1+N+M"合作模式	为企业提供专业、优质、特色服务	

数据来源：东方财富网

当前浙江省数字产业发展的现实情况是，在经营模式方面彼此之间相互提供服务，并随着时代发展步伐的不断加快，众多大、中、小型企业完成了或正在完成数字化转型。因此，能够引领产业发展、推动企业高精尖技术发展、善于对企业进行精准管理的高层次人才就成为产业发展的中坚力量，同时充足的高层次产业后备人才既是数字产业发展的动力源泉，更是浙江省数字产业发展的人才支撑。

（二）浙江省数字产业创新成果展示

数字产业创新成果数量是产业发展水平的客观呈现，也是判断数字产业未来发展前景和发展规模的重要依据，还为产业高层次人才需求指明了方向。浙江省之所以成为我国数字经济强省，一个根本原因就是取得了一系列创新成果，这不仅为数字产业高层次人才需求指明了方向，也为人才结构优化提供了可靠依据，表6-6概括总结了浙江省数字产业发展取得的成果。

表6-6　浙江省数字产业发展成果总览表

数字产业涉及领域	成果展示	获奖成果总数
人工智能	协调集聚优势资源	共计4家 （全国15家）
大数据	推动IT与OT深度融合	
云计算	supET工业互联网平台	
工业控制	supOS工业操作系统	

数据来源：东方财富网

当今时代信息技术的飞速发展促使浙江省数字产业发展脚步不断加快，人工智能、大数据、云计算、工业控制等领域已经成为浙江省数字产业发展的优势领域，其中有4项研究成果被评为2020年双跨工业互联网平台，这不仅反映出产业发展潜力极大，也印证了产业发展规模正在迅速扩大，高层次人才需求总量也在不断攀升，这也为高层次人才结构的优化带来了巨大挑战。

（三）数字产业经济总值实现大幅提升

2021年是我国"十四五"开局之年，在这一年，浙江省经济快速发展，最为亮眼的莫过于工业和数字经济核心产业的表现。其中，工业生产增加值已经突破 2 万亿元大关，与 2020 年相比增长了 12.9 个百分点，总利润高达 6 789 亿元，与 2021 年相比增长 21 个百分点，特别需要注意的是，数字核心产业增加值已经远超 8 000 亿元，与 2020 年相比增长了 13.3 个百分点，增长幅度首次超过工业增加值，对进一步加快浙江省经济发展步伐起到了至关重要的推动作用。

步入 2022 年，浙江省依然将数字核心产业又好又快发展放在重要位置，并在《浙江省数字经济发展白皮书》中明确指出了要打造好数字经济"一号工程"的升级版，让产业大脑、未来工厂、能力组件等重大项目成为浙江数字经济发展的重要推手，达到进一步丰富数字产业内涵的目的，实现数字产业的全面升级，满足当今我国数字经济又好又快发展所提出的新要求。

具体而言，在 2022 年，浙江省数字产业多个领域要上马"产业大脑" 10 个，全面提升全省化工、机电、智能电气、机床等领域发展水平，确保全省重大应用项目高达 45 个，力求企业码和产业链能够形成"一键通"，进一步提升全省数字经济发展水平和数字产业的全国影响力。在此期间，数字核心产业要实现全年增加值上升 1 000 亿元，收入突破 3 万亿元目标，年营业额超百亿的企业超过 25 家，并助推全省 18 个数字经济创新发展试验区的全面建设 ①。

二、以数字产业高层次人才聚集度、活跃度、贡献度优化人才结构

纵观当前以及未来浙江省数字经济发展局面，在数字产业发展的大环境下，科学优化高层次数字产业人才结构显然已成为当务之急。前文已经对浙江省数字产业发展规模，以及高层次数字产业人才结构优化的理念

---

① 数据来源：https：//baijiahao.baidu.com/s?id=17250674103130798l6&wfr=spider&for=pc.

与原则做出了明确概述，但是仅仅依靠这些条件来进行人才结构优化显然远远不够，还要立足浙江省数字产业高层次人才聚集度、活跃度、贡献度三个维度，有效进行人才结构的科学优化，进而使浙江省数字产业人才资源配置既能实现高度均衡化与合理化，又能为数字产业可持续发展并最终实现又好又快发展目标源源不断地注入强大动力。

（一）依托人才聚集度优化数字产业高层次人才结构

人才聚集度是反映区域人才流动情况的总体表现，聚集度越高越能够保障区域经济发展步伐的不断加快，以此为依据进行人才结构的有效优化，必然会起到大力推动区域经济全面发展的作用，避免"一边倒"的局面产生；反之则会制约区域经济发展。对此，浙江省在高层次数字产业人才结构优化过程中，须将人才聚集度作为重要依托。

1.确立浙江省高层次数字产业人才流动强度

通过暂住于浙江省的高层次数字产业人才总数与当前浙江省高层次数字产业人才总人数的比值，充分反映出人才流动强度，这是有效计算人才聚集度的基础条件之一。

2.计算出浙江省高层次数字产业人才密度

浙江省高层次数字产业人才总数与浙江省所辖区域的总面积的比值，就是浙江省高层次数字产业人才的密度，这也是计算人才聚集度的重要条件。

3.明确浙江省高层次数字产业人才聚集度

上边计算出了浙江省高层次数字产业人才流动强度，以及浙江省高层次数字产业人才密度，后者与前者的比值，即浙江省高层次数字产业人才聚集度，该结果能为有效进行人才结构优化提供强有力的依据。

4. 依托人才聚集度合理优化浙江省数字产业高层次人才结构

在明确浙江省高层次数字产业人才聚集度最终结果的基础上，结合本省各个区域人才聚集程度的总体情况，以及数字产业发展的人才需求情况，有关主管部门有针对性地做出人才政策相关调整，力求本省各个区域高层次数字产业人才结构保持均衡化发展，推动全省数字经济始终保持又好又快发展态势。

（二）依托人才活跃度优化数字产业高层次人才结构

从区域经济发展角度来看，在自然环境和自然资源相对稳定的情况下，人才活跃程度往往是推动区域经济发展的核心力量，活跃度越高就意味着人才在区域产业发展过程中的带动性越强，反之则不然。人才活跃度为区域产业人才结构调整提供了极为有利的客观依据。针对浙江省数字经济发展大环境与大背景，高层次数字产业人才无疑是推动浙江省数字经济飞速发展的核心力量，在数字产业发展中的带动性极强，而人才结构自然可以依托其活跃度进行合理优化。

1. 确定人才流动半径

其间，要高度明确人才在进入浙江省数字产业之前在哪些区域从事相关工作，离开该区域的主要原因是什么，其追求的目标又是什么，本省数字产业发展对其产生了怎样的吸引力，从中明确本省数字产业人才流动的半径最大涉及哪一区域，这不仅能够说明本省数字产业发展的影响力，也能为有效计算本省高层次数字产业人才活跃度提供重要支撑。

2. 明确浙江省高层次数字产业人才活跃度评价指标

应该充分考虑影响浙江省高层次数字人才活跃度的具体因素，如人才环境、人才质量、人才年龄、人才创新性、人才流动性（由人才流动半径得出）、人才存量等，进而为综合评价浙江省高层次数字产业人才活跃程度提供详尽而又客观的支撑条件。

3. 浙江省高层次数字产业人才活跃度评价模型

先通过人力资源管理领域的专家，分析影响浙江省高层次人才活跃程度的主要因素，确定指标权重系数，再建立人才活跃度评价模型，即

$$A_t = \sum_{i=1}^{15} \alpha_i \frac{C_{it} - C_{it-1}}{C_{it-1}}$$

其中，A_t 为第 t 年浙江省高层次数字人才活跃度，α_i 指影响浙江省高层次数字产业人才活跃度 15 项分指标的权重，C_{it} 就是指在第 t 年浙江省高层次数字产业人才活跃度第 t 项指标的具体数值，最终的评价结果能够为有效优化其人才结构提供准确的数据，有利于相关主管部门做出正确的决策。

（三）依托人才贡献度优化数字产业高层次人才结构

人才贡献度是数字产业又好又快发展不可缺少的力量，不仅体现出人才从事数字经济发展的热情，更能彰显人才在该领域所取得的成果。所以，浙江省在全面优化高层次数字产业人才结构过程中，必须以人才贡献度为重要依托，具体操作如下。

1. 确立人才贡献度计算公式

计算高层次人才在某一领域的贡献度有明确的计算公式，并非单纯依靠主观评价而定。对此，在计算浙江省高层次数字产业人才贡献度过程中，先要明确公式，即贡献度 = 贡献量（成果产出量或成果所得量）：成果总投入量（资源消耗或占用总量）× 100%。

2. 确定人才贡献度计算方法

人才在某一领域的贡献度计算方法也非常明确，就是通过某因素的增量或增长程度与总增量或增长程度的比值，衡量人才在该领域的哪一方面贡献较大，贡献度对该领域的发展起到至关重要的作用。浙江省在计算高层次数字产业人才贡献量时，必须采用该方法进行人才自身贡献度的准确计算。

3. 根据计算结果有效优化数字产业高层次人才结构

在准确计算出人才贡献度后，要以客观数据为依托，对其进行深层次分析，并根据数据有效划分数字产业人才结构，确保学科领袖人才、技术领军人才、高级管理人才、产业后备人才能够合理地分布于各个领域，并做到贡献度的最大化。

三、实现数字产业高层次人才的"集聚裂变"

在明确优化浙江省高层次数字产业人才结构的根本立足点的基础上，要考虑的问题是如何实现高层次人才的作用和价值由"聚变"转为"裂变"，即"集聚裂变"的过程。

（一）数字产业高层次人才"集聚裂变"的内涵

结合当前我国数字经济发展的大趋势，以及浙江省数字产业发展的大环境，不难发现，高层次数字产业人才需求量正在不断增大，有效引导高层次数字产业人才聚集，并明确高层次数字人才流动方向，使其作用与价值实现最大化，无疑是实现人才结构科学优化的关键。

1. 厚植沃土

浙江省是我国数字经济强省，引领了我国数字产业发展浪潮，高层次人才在其中发挥了至关重要的作用。但成绩辉煌的背后依然有较大的提升空间，这值得我们进行深入的思考与探索。其中，最为关键的是学科领袖人才、技术领军人才、高级管理人才、产业后备人才虽然能够满足当前数字产业发展现实情况的需要，可是在未来飞速发展过程中很难为之提供强有力的人才支撑。对此，政府主管部门必须强调统筹优势资源，既要为企业提供强大的服务，还要为高层次数字产业人才提供全面的服务，激励高层次数字产业人才加速创新发展步伐，成为数字产业各个领域的卓越人才。

2. 广聚高层次人才

培育"沃土"的最终目的就是让高层次人才高度聚集，使高层次人才在各个领域最大限度地发挥出应有的作用，为数字产业实现高质量发展源源不断地注入鲜活的动力。其间，全省各级政府必须不断增强高层次数字人才的创新驱动力，强化高层次数字产业人才引领作用，实现高层次数字产业人才的有效聚集，为之完成梦想提供广阔"舞台"，为其不断提升自身研究能力和实践技能水平建立理想平台。

3. 实现高层次数字产业人才作用价值最大化

高层次数字产业人才的极度汇聚，必将成就浙江省数字产业在又好又快的发展道路上越走越远，人才自身的作用与价值也必将通过各项数据得到证明。然而，实现该目标必须要有前提条件，即人才结构必须保持高度合理，确保高层次数字产业人才的导向精准，由此保证高层次数字产业人才能够推动数字产业各领域均衡化和又好又快发展，只有这样数字产业人才在数字经济发展中起到的推动作用和发挥的时代价值才能实现最大化。

（二）数字产业高层次人才"集聚裂变"的具体表现

浙江省高层次数字产业人才结构优化的最终目的，就是要全面推动浙江省数字经济发展，使浙江省众多企业能够以最快的速度实现数字化转型，并最终达到高质量发展，与时代经济发展的主流趋势高度统一。这正是浙江省高层次数字人才结构调整实现人才"集聚裂变"的具体表现，更是人才结构科学优化的最终目标。在这个过程中，著者认为最具可行性的实践操作主要包括以下两方面。

1.数字产业高层次人才的高度聚集

由于人才的高度聚集可以说明浙江省数字经济在全国的影响力，也能表明数字产业在未来发展拥有极为明朗的前景，所以浙江省政府在全力支持数字产业发展，为之提供相关政策保驾护航的同时，还制定与出台了一系列关于人才引进的政策，确保浙江省高层次数字产业人才由"聚变"到"裂变"拥有较为坚实的基础，保证数字经济在浙江省能够实现全面开花和可持续发展。

2.数字产业高层次人才在各个领域的作用与价值发生极度"裂变"

在实现浙江省高层次数字产业人才高度聚集的同时，针对各区域数字产业发展的现实状况与需求，以及未来发展的总体目标和可实现程度，有效出台相关政策进行人才资源的引流，确保具有发展前景的数字产业能够得到充足的人才供给，让高层次数字产业人才的作用与价值拥有更为广阔的展现空间，从而达到科学优化高层次数字产业人才结构的目的，同时使人才在各个领域的作用与价值发生极度"裂变"，全面加快浙江省数字经济均衡化和又好又快发展的步伐。

（三）加快打造高层次数字人才"蓄水池"

1.加快建设高能级产业平台，为高层次数字人才创新创业培育"金梧桐"

加快推动省级高新区升格国家级高新区，加快集聚各类企业工程（技术）中心、大院大所研发机构、跨国公司区域研发中心，积极鼓励高新区各类研发机构引进海内外人才，在重点企业和研发机构中建立国内外人才、项目需求信息库，全面准确掌握对高层次人才的需求信息。采取多种形式，努力促进海外人才与企业开展形式多样的项目洽谈、技术交流活动，吸引海外人才来高新区创业、工作和服务。

2. 搭建青年数字科技人才成长平台，做好高层次数字人才发展"助力器"

积极引导本地高校院所人才留浙创新创业，鼓励引导本省企业与高校建立战略合作关系，推动高校提升人才供应质量；发挥全省高层次青年人才联合会凝聚青年、助力青年、服务青年的独特优势；积极开展企业高层次人才绩效评价，在各级学会、高校科协中探索建立青年工作委员会、大学生科协等组织，打造本省青年数字人才培养品牌。

3. 发挥院士高端智力推动作用，建好新时代院士智力"集聚家"

加强与中国科学院、中国工程院以及知名高校院所的联系合作，拓展海外知名科学院院士专家来浙渠道，开展"智聚浙江"院士专家活动；谋划建设好浙江"院士之家"，形成院士之家有效服务管理机制和运行保障机制，促进院士专家成果转化和产业化；积极推动来浙院士与中青年科技工著者结对工作。

4. 探索高层次人才柔性集聚体制机制，促进高层次人才柔性使用"智循环"

以"不求所有，但求所用"的柔性引才工作机制，突破人才的地域、户籍、身份等限制，在不改变与原单位隶属关系的前提下，支持、鼓励用人单位采取聘用制、助理制等形式开展智力引进，通过兼职、讲学、科研攻关与技术合作等方式柔性引进人才，以特聘兼职的方式，聘请国内外高层次人才和高技能人才担任技术顾问、特聘专家等开展工作，营造人才自由交流、智力加速循环、资源高度共享的良好政策环境。

第五节　面向市场人才需求开展高层次数字贸易人才培养

目前，合适的跨境电商复合型专业人才非常缺乏，许多企业只能在非跨境电商专业选择招聘人才，与跨境电商用人专业匹配度较高的专业依次为国际贸易、电子商务、外语、国际商务、国际货运物流等，但实际情况是，企业更希望聘用的跨境电商人才来源于复合型学科人才。有企业反映，跨境电子商务为交叉复合型专业，不是电子商务、国际贸易或国际物流专业可以替代的。据统计，截至 2010 年，教育部共批准 339 所本科学校和 800 多所专科学校开设了电子商务专业，而高职院校开设跨境电商专业方向较少。其主要原因，一是高校涉外应用型人才培养滞后于外贸新兴行业发展，二是缺乏实务型师资。目前，企业只能在非跨境电商专业招聘人才，新员工不能零距离上岗，企业面临的培训任务相当繁重，难以满足新业务模式的要求。

一、跨境电商数字人才需求

跨境电商企业在从业人员岗位需求方面，业务岗位占比 61%，技术岗位占比 23%，管理岗位占比 16%。企业急需人才的从业岗位主要包括跨境电商平台运营与推广、跨境电商数据分析、跨境电商数字营销、跨境电商客户服务、跨境电商物流管理、跨境电商产品采购与供应链、跨境电商店铺运营经理、跨境电商商务经理等。

企业对毕业生的知识与素质要求较高。从调研结果来看，跨境电子商务作为"跨界"新行业，要求从业人员知识面广。用人单位对人才的具体要求如下：具备全球化视野、互联网思维和国际商务素养；熟练掌握互联网电商、商务英语和外贸业务知识,本国和目标国的跨境电商政策,具备相当的文案美工知识、跨境物流知识、管理学知识、跨境支付及理财知识等。

企业对毕业生的业务操作与实践能力要求较高,具体要求包括具备较强的外语沟通能力、外贸业务技能、互联网操作技术、跨境电商店铺运营能力、物流操作和支付结算能力等。从调研结果来看,企业期待毕业生能够快速投入跨境电商店铺实际运营工作,对在校学习期间就具备跨境电商操作基础和店铺创业拓展能力的大学毕业生会优先录用。

通过调研分析,"互联网+外贸"的跨境电商应用型人才主要分为三个大类:一是跨境电商业务专员,包括跨境电商平台运营与推广、数据分析、数字营销、客户服务、采购与供应链、物流管理人才等;二是跨境电商技术人员,包括跨境店铺文案编辑和视觉设计人才;三是跨境电商一线基层主管,包括跨境电商产品经理、跨境店铺运营经理、跨境商务经理、跨境物流经理。另外,调研显示,对于应届毕业的专科学生,绝大多数企业一般会提供跨境电商操作与营销方面的岗位作为锻炼或过渡。根据当前专科学生入学基础和特点,跨境电商分销店铺运营管理将会是一个合适的人才培养主攻方向。

在"互联网+外贸"创新发展模式下,应构建"政行企校"联动机制,同步建设跨数字贸易人才培养基地,开展跨境电商模式创新研究,分析企业对复合型跨境电商岗位人才的需求规格,制定订单式人才培养方案,培养适合行业转型升级的高素质技术技能人才,调整并建设适应产业转型和升级的跨境电子商务专业群,培养跨界融合的"双师"素质专、兼职教师,提高国际商务专业学生的就业能力,并为复合型岗位的在职人员提供培训服务。

二、数字贸易人才实训基地建设要求

实训基地要求建设数字贸易人才培养质量管理平台、数字贸易多岗位技能训练平台、8门核心课程资源包以及建设数字贸易人才教学实训中心和数字贸易人才跨境电商创新创业中心。整合校内外资源，与企业、行业协会、政府合作，通过市场多元运作模式，满足数据分析、模式研究、学生职业能力培养、师资培养、员工在职培训的需要，承接服务外包项目，满足100%的在校生实践需求。如图6-5所示。

图6-5　数字贸易人才实训基地效果图

（一）数字贸易人才培养质量管理平台

以学生成长为根本，建立以"基于学生学习成果的学分制"为基础的，有利于促进校企深度合作协同育人，有利于学生高阶思维与"全人发展"，符合国际资历框架同行参照点和职业教育特点的精准化课程体系和智慧型教学运行与管理体制。基于成果导向教育（OBE）理念，应用布鲁姆教育目标分类体系，将跨境电商专业教学中的工作过程分析（BAG）与职业能力转化为可展现、可衡量的学生学习成果，并通过学生学习成果赋予课程学分以更丰富的意义，由此带动教学过程与教学管理的改革与优化。如图6-6、图6-7所示。

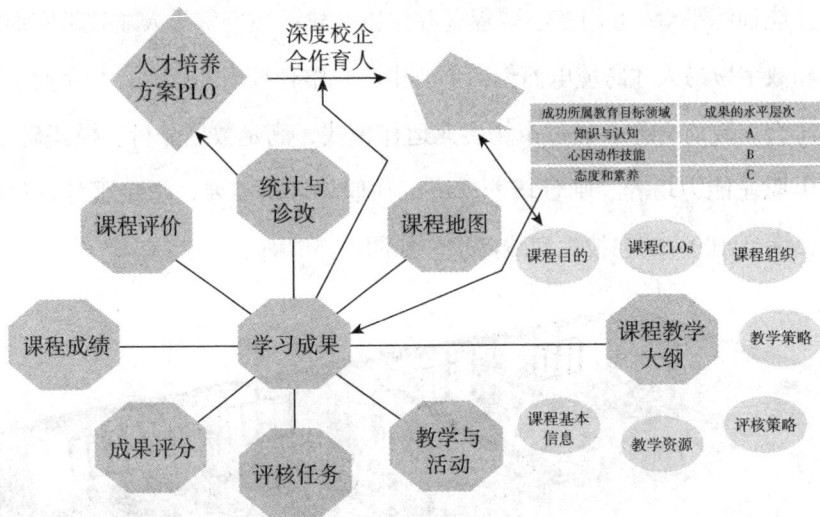

图 6-6　数字贸易人才培养质量管理平台（OBE）原理

图 6-7　数字贸易人才培养模型

（二）数字贸易多岗位技能训练平台

拟建立数字贸易人才教学实训平台，该平台计划占地100平方米，可满足近60人的教学实训需求。在这里，模拟不同的跨境电商企业岗位，仿真企业业务场景和工作流程。

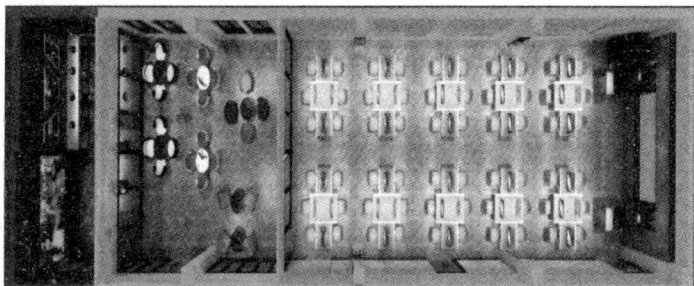

图6-8　数字贸易多岗位技能训练平台效果图

（三）数字贸易人才创新创业中心

数字贸易人才创新创业中心占地100平方米，可以满足近40人的跨境电商专业校企合作、学生顶岗实习、跨境电商创业孵化以及亚马逊、wish、敦煌网、ebay和阿里巴巴国际站等平台的独立运营需求。

图6-9　数字贸易人才创新创业中心实景图

（四）课程设置

跨境电商人才培养的课程设置如表 6-7 所示。

表 6-7　跨境电商人才培养的课程设置

序号	课程名称	主要教学内容与要求	主要考核项目与要求	参考学时
1	跨境电商物流与海外仓操作	掌握国际邮政物流、国际快递物流、国际专线物流、海外仓物流、国际海运头程物流、国际空运头程物流和"一带一路"物流等各种跨境电商物流的基本含义、工作过程、运营设计等业务	掌握各种跨境电商物流的价格核算、路线设计、物流模板设置、物流面单填写等基本技能	54
2	跨境电商通关实务	掌握出境通关（B2B模式出境通关、B2C模式出境通关、C2C模式出境通关）和入境通关（B2B模式入境通关、B2C模式入境通关、C2C模式入境通关）等的基本含义、工作过程、模式设计等基本业务	掌握各种跨境电商通关模式下各国通关规则、税费核算、报关单（报关凭证）填写、通关模式设计等基本技能	54
3	跨境电商B2C实务	熟悉跨境贸易电子商务的基本概念，了解基本政策，熟悉跨境第三方操作平台规则，掌握跨境电商操作基本工作流程，具备跨境店铺运营管理、电商操作技术等业务能力	能在数字贸易平台完成跨境店铺注册操作、跨境物流与海外仓操作、海外市场调研操作、跨境选品和产品信息化操作、跨境产品定价、刊登和发布操作、跨境店铺优化及推广操作、接订单、发货、出境报检报关操作、收款等	54
4	跨境电商实用英语	熟悉跨境贸易电子商务上货过程及后台客服管理中使用的英语，能用英语完成后台操作和客户沟通，能使用英语在售前、售中、售后过程中给客户完善的服务	掌握客户购买心理，熟悉各类客户沟通函的书写方法，能运用平台系统及其他方式开展客户服务	54

序号	课程名称	主要教学内容与要求	主要考核项目与要求	参考学时
5	跨境电商业务综合实训	熟悉跨境贸易电子商务的平台操作，具备跨境电商操作各个基本环节的业务能力	能在亚马逊、敦煌等平台完成跨境店铺注册操作、选品和产品信息化操作、刊登和发布操作、跨境店铺优化及推广以及收款等	30

三、专业建设和人才培养模式改革

以跨境电商为主线，带动相关专业的发展，形成集贸易、电子商务等为一体的专业能力链与产业服务链，专业链服务产业链。创新跨境电商人才培养机制，构建"现代学徒制"人才培养模式，制定跨专业具有复合型人才培养特征的教学方案，实现教学内容任务化，以任务导向安排及组织教学，实现仿真模拟实训及业务实战。毕业生的职业资格证书获取率100%，就业率99%以上。

（一）教学资源建设

经过4年建设，校企共同开发涵盖"互联网+"背景下的商贸、跨境电商的教学资源，建设知识库、方法库、原理库、案例库等资源库，进而根据岗位业务培训内容整合教学方案，服务于教学与培训需要，实现双向服务的目标。

（二）师资团队建设

以跨界融合的"双师"素质专、兼职教师队伍建设为重点，通过引进与培养相结合的方式，在3年内逐步建设一支由学院教师、行业专家和企业业务骨干组成的"双师"结构教学团队，教师具有较高理论水平、教学能力、实践能力、实战指导能力、课题研究能力与创新精神。

（三）学生创业素质、人文素质培养

通过"现代学徒制"人才培养模式的构建与实施，培养学生（学徒）综合职业能力和职业精神，推进企业文化进校园、职业文化进课堂。培养学生的创业、就业能力和创业意识，在教学与日常行为中渗透人文素质与职业素养教育，使学生的社会责任感融入未来的就业与创业之中。3年内，学生创业公司（实体）达3家以上。

（四）社会服务能力建设

承担市级以上高级研修班至少2项，提供行业培训每年至少200人次，承担相关专业的各类考证任务和岗位培训任务，年培训1 200人次以上；加强职业院校之间的交流，开展区域内高等职业学院之间的合作，实现教学、实训等资源的共享。

（五）复合型高素质高技能人才建设

培养热爱国家、拥护党的基本路线，适应我国"一带一路"倡议、国家自由贸易区发展战略和国家跨境电商综合试验区改革发展需要，面向全国跨境电商企业、国际货代物流企业和外贸企业的一线业务和管理岗位，具有诚信、敬业、负责的职业道德和高度的服务意识，拥有国际视野、人文素养、职业标准、实务技能的国际商务专业特质，掌握互联网+外贸+物流各项业务具体规则，对互联网思维、大数据应用有较好理解，对传统外贸和跨境电商的各种业态（B2B、B2C、B2B2C、M2B2C等）的设计、运作、销售和客户服务等方面掌握得较好，德、智、体、美等全面发展，具有较强的可持续发展能力的复合型高素质高技能专门人才。

第七章　结论与展望

　　面对高质量发展、强起来、现代化的新使命新任务，人才和创新始终处于首要位置，是国家核心竞争力所在，也是大国竞争的焦点所在。而尤为重要而迫切的是，当今世界正处于百年未有之大变局，全球人才流动呈现新态势，产业创新竞争日趋加剧，产业链、供应链风险不断凸显。在这样一个更加不稳定、不确定的世界中谋求发展，最大的挑战在于人才和创新，最大的机遇也在于人才和创新。只有在人才和创新上占据优势，才能赢得发展主动权，才能在应对各种挑战中站稳脚跟，立于不败之地，实现稳中求进。

　　由于数字经济已经成为我国经济高质量发展的全新经济形态，数字产业结构转型与升级的脚步也不断加快，所以在人才需求方面也呈现出高层次和全方位两个重要特征，人才结构优化的科学性与合理性至关重要，浙江省高层次数字产业未来发展也是如此。在本书中，著者已经对这一观点进行了系统性的阐述，下面对其进行总结性概述，并就其未来发展提出明确期望。

第一节 结 论

从人力资源管理的角度看，人才因其知识素质、能力、技能及个体需求的差异呈现出异质化特征，异质化人才适合在不同的岗位上做出贡献并获得更大的职业成长。同理，数字产业人才也因其从事岗位特征、能力结构、需求结构的差异而呈现多元化特征，这些从事理论研究、从事应用研究以及从事成果转化、技术支撑的数字产业人才各有所长，贡献的价值表现也呈多元化。如果仅用单一的标准对多元数字产业人才进行评价，将严重影响数字产业人才管理的科学性、合理性和公平性，不利于充分调动数字产业人才的积极性，实现人才效能最大化。

综合本书的观点可以看出，在数字经济下，浙江省高层次数字产业人才优化要达到理想化的实践效果实非易事，需要经过系统的探索与研究方可成为现实。

一、浙江省数字产业人才结构优化的学术研究成果与理论基础较为完善

著者在本书创作准备阶段整理文献资料时发现，当前国内外关于数字经济发展，以及数字产业转型升级方面的学术研究成果较为丰富，其中或多或少会提到人才引进、培养、管理等内容，但并非所有相关研究成果都会涉及人才结构的构建、完善、优化。综合来看，这些文献资料较为明确地阐明了数字经济背景下的数字产业人才结构调整相关理论基础，能够为本书的创作打下坚实的理论基础，相关学术研究成果也为本书创作提供了一定的观点启发。

二、我国数字经济与数字产业发展形势明朗

从本书前半部分相关数据整理与分析的过程中，我们能够直观感受到我国数字经济发展进程之快，数字产业升级转型的速度更是前所未有。其间，无数专家型人才、技术型人才、管理型人才为之付出了不懈努力，最终成就了我国数字经济和数字产业发展的新局面。除此之外，我国发布的相关政策更是为未来发展铺平了道路，营造了较为理想的发展环境，我国数字经济与数字产业的未来发展形势极为明朗。

三、浙江省数字经济发展势头强劲

浙江省作为我国数字经济强省，经济总量始终处于全国前列，同时浙江省政府及下辖各级政府为推动区域数字经济发展提供了强有力的政策支持，为浙江省未来数字经济发展提供了极为理想的政策环境，因此能够得出浙江省数字经济发展势头强劲这一结论，浙江省在我国未来数字经济的发展领域起到"发动机"的作用。

四、浙江省高层次数字产业人才需求极为明确

在本书的中间部分，著者针对浙江省高层次数字产业人才的需求方向进行了深入分析，明确阐述了各类型人才的层级划分原则和标准，并分析了当前浙江省数字经济发展现实情况和未来发展大趋势，确保浙江省高层次数字产业人才需求更为准确。另外，浙江省一方面通过产业互联网平台帮助区域建立产业交易中心、结算中心以及技术、金融等共享服务中心；另一方面，通过产业人才培养开展产业从业者的教育培养，推动产业链、人才链、创新链和资本链的协同发展。两方面共同发力实现区域产业集群的整体转型升级，力求浙江省数字经济始终处于又好又快的发展状态。

五、浙江省高层次数字产业人才结构拥有较大的优化空间

浙江省高层次数字产业人才结构的构建与优化，是一项长期性和系统性的工程，其间必须对已经确立的人才结构不断进行系统优化和调整，优化和调整的视角必须保持高度的客观与全面，极具针对性和指向性。只有这样，才能确保高层次数字产业人才结构的质量不断提升，在实现不断加快数字产业转型升级步伐这一基本目标的基础上，保持推动和服务浙江省数字经济发展的强劲动力。

六、浙江省高层次数字产业人才结构优化实践路径应充分体现系统化特征

面对浙江省数字经济高质量发展，高层次人才结构的优化必须高度明确人才引进、人才培养、人才管理路径，强调人才引进必须结合产业发展的政策大环境，人才培养的模式必须将理论与实践相结合，与应用型大学和职业院校合作开展校企共建，实现专业设置与产业人才需求对接、课程内容与产业案例场景对接。需要特别注意的是，人才的管理必须符合数字产业当前与未来发展的切实需求，充分彰显出实践路径的高度系统化，满足数字经济时代对浙江省数字产业发展提出的新要求。

第二节　展　望

本书主要对数字经济背景下的浙江省有效开展高层次数字产业人才结构优化全过程进行了系统性阐述，虽然观点具有极强的客观性和可操作性，但是在未来深化与探究中，依然有极大的提升空间，具体如下。

一、浙江省高层次数字产业人才结构的进一步延伸

结合浙江省数字经济未来发展的大趋势，可以看出高层次人才的决

定性作用愈加强大，各个领域都需要有高层次人才作为重要支撑，由此方可保证浙江省数字经济发展始终保持强劲势头。因此，高层次数字产业人才结构还需要不断延伸，如跨界人才结构、服务型人才结构等，这些都是未来数字经济高质量发展不可或缺的人才，更是避免高层次人才短板现象产生的有力保障。充分体现数字产业人才异质，要尊重不同类型数字产业人才的特征，对不同类型的数字产业人才要采用不同的评价指标、考评方法和管理方式。要在共性的基础上充分体现人才的个性，实现人才评价与管理的科学性、合理性和公平性，建设多元化的数字产业科技人才队伍。

二、增强浙江省高层次数字产业人才结构优化方法的创新性

在中国经济长期向好的宏观背景下，放眼全球，"抄底"海外人才，大力引进研发、销售、管理方面的数字产业国际高端人才，优化现有人力资源结构，提升自主创新能力。调动各方参加引进海外人才的积极性，发挥海外留学人才联谊会的"桥梁"作用，加强内外交流与合作，密切与国家留学人员管理机构、各级侨联侨办、外国专家局、海外留学生组织、海外华人华侨社团以及驻外机构、海外引才引智基地的联系与沟通，条件成熟时，在留学人才富集区设立引进海外人才工作联络站。

从本书提出的研究观点来看，全面优化浙江省高层次数字产业人才结构不仅需要结合国家层面和浙江省数字经济发展的现实情况，以及未来发展的大趋势，还要结合数字经济发展中数字产业结构转型升级所带来的新机遇与新挑战，以此为立足点对人才结构做出客观性的评价，最终保证人才结构的合理性，以全面服务和推动浙江省数字经济始终保持又好又快的发展态势。但是，在优化方法上依然有较大的创新空间，如高层次人才资源库建设等。

本书在阐述观点的过程中，明确指出有效调整与优化浙江省高层次数字产业人才结构的视角必须具有高度的客观性。具体而言就是要结合数字经济时代发展进程中，数字产业转型升级所要面对的新机遇与新挑战，

找出必需的高层次人才类型，明确各类型高层次人才必须具备的能力与素质。但随着数字经济发展步伐的不断加快，对高层次数字产业人才所必备的能力和素质要求愈发全面，这就意味着人才结构调整的视角要不断扩充，全面提高其完善程度，以此来不断提升浙江省数字产业发展所需的人才质量水平。

参考文献

[1] 威利茨. 数字经济大趋势：正在到来的商业机遇 [M]. 徐俊杰，裴文斌，译. 北京：人民邮电出版社，2013.

[2] 肯尼迪. 下一个伟大的思想：在数字经济时代如何管理 [M]. 王莹，张军，万高潮，译. 桂林：广西师范大学出版社，2003.

[3] 经济合作与发展组织. 衡量数字经济：一个新的视角 [M]. 张晓，译. 上海：上海远东出版社，2015.

[4] 吴画斌，许庆瑞，陈政融. 数字经济背景下创新人才培养模式及对策研究 [J]. 科技管理研究，2019，39（8）：116-121.

[5] 何瑛，宋康宁，张宇扬. 数字经济时代会计专业人才能力框架与培养路径 [J]. 北京邮电大学学报（社会科学版），2019，21（3）：104-112.

[6] 杨海深，王茜. 全面构建粤港澳大湾区数字经济协同发展新路径 [J]. 新经济，2019（10）：15-19.

[7] 徐栋梁. 数字经济时代职业教育技术技能型人才培养面临的挑战与对策研究 [J]. 产业与科技论坛，2021，20（15）：109-110.

[8] 邓文勇，黄尧. 人工智能教育与数字经济的协同联动逻辑及推进路径 [J]. 中国远程教育，2020（5）：1-9.

[9] 赵义怀. 上海数字经济发展的现实基础、未来思路及举措建议 [J]. 科学

发展，2020（4）：79-88.

[10] 许文静，谷静怡，许盼盼 . 数字经济时代会计面临的挑战、机遇与人才培养创新 [J]. 商业会计，2020（8）：99-102.

[11] 邝劲松，彭文斌 . 区块链技术驱动数字经济发展：理论逻辑与战略取向 [J]. 社会科学，2020（9）：64-72.

[12] 项杨雪，陈劲 . 联结、互动和网络效应：面向数字经济时代的产教融合模式研究：以阿里巴巴商学院 ITPD 项目为例 [J]. 高等工程教育研究，2020（6）：73-80.

[13] 夏鲁惠，何冬昕 . 我国数字经济产业从业人员分类研究：基于 T-I 框架的分析 [J]. 河北经贸大学学报，2020，41（6）：101-108.

[14] 郭爽 . 数字经济背景下市场营销专业培养模式改革研究 [J]. 商业文化，2020（32）：88-90.

[15] 姜桦 . 培育壮大数字经济背景下工程技术人才培养研究 [J]. 建材发展导向，2020，18（24）：11-13.

[16] 王敏 . 数字经济背景下的合肥经济高质量发展研究 [J]. 辽宁工程技术大学学报（社会科学版），2021，23（2）：134-138.

[17] 陈晓东，杨晓霞 . 数字经济发展对产业结构升级的影响：基于灰关联熵与耗散结构理论的研究 [J]. 改革，2021（3）：26-39.

[18] 李佳，吴敏珏 . 数字经济助推我国经济高质量发展研究 [J]. 江苏经贸职业技术学院学报，2021（2）：9-12.

[19] 纪雯雯，刘向兵 . 数字经济发展对未来教育的影响与应对 [J]. 国家教育行政学院学报，2021（3）：58-66.

[20] 李隽 . 数字经济背景下成人教育新工科人才培养模式探究 [J]. 成人教育，2021，41（4）：78-82.

[21] 肖小爱 . 粤港澳大湾区数字经济发展研究 [J]. 科技创新发展战略研究，2021，5（2）：41-44.

[22] 张琤琤 . 数字经济促进江苏经济高质量发展路径研究 [J]. 北方经贸，2021（5）：114-116.

[23] 齐文浩，张越杰．以数字经济助推农村经济高质量发展 [J]．理论探索，2021（3）：93-99．

[24] 张孝静，宋子瑛．数字经济背景下跨境电商人才培养模式探究：以青岛理工大学（临沂）为例 [J]．商业经济，2021（7）：107-109．

[25] 丁守海，徐政．新格局下数字经济促进产业结构升级：机理、堵点与路径 [J]．理论学刊，2021（3）：68-76．

[26] 王慧颖，焦微玲．数字经济时代新商科校企合作人才培养模式创新研究 [J]．改革与开放，2021（10）：60-66．

[27] 丁静．促进数字经济与实体经济融合发展研究：以江苏省为例 [J]．江南论坛，2021（7）：4-6．

[28] 易晨希．数字经济时代新商科专业群人才培养模式探析 [J]．职业技术，2021，20（8）：23-29．

[29] 刘钒，余明月．长江经济带数字产业化与产业数字化的耦合协调分析 [J]．长江流域资源与环境，2021，30（7）：1527-1537．

[30] 孙耀华．数字经济背景下高职新商科人才培养的产教融合模式研究 [J]．特区经济，2021（7）：146-149．

[31] 颜文胜，许益成．数字经济背景下信息技术类人才培养模式探索与实践：以台州职业技术学院为例 [J]．中国教育信息化，2021（14）：77-80．

[32] 沈克印，寇明宇，吕万刚．数字经济时代体育产业数字化的作用机理、实践探索与发展之道 [J]．上海体育学院学报，2021，45（7）：8-21．

[33] 王晓红，谢兰兰．新发展格局下数字经济发展战略研究 [J]．开放导报，2021（4）：80-91．

[34] 李余辉，花均南．基于 CDIO 教育理念的数字经济专业应用型人才培养模式研究 [J]．质量与市场，2021（17）：34-36．

[35] 郝燕．数字经济时代应用型大学供应链人才培养课程设置研究 [J]．营销界，2021（28）：51-52．

[36] 丁洋，孙存一，沈丽，等．数字经济背景下应用型高校人才培养探讨 [J]．现代商贸工业，2021，42（29）：67．

[37] 刘佩佩，陈晓星．数字经济背景下跨境电商专业人才培养模式研究 [J]. 商场现代化，2021（14）：45-47.

[38] 张蕴萍，董超，栾菁．数字经济推动经济高质量发展的作用机制研究：基于省级面板数据的证据 [J]. 济南大学学报（社会科学版），2021，31（5）：99-115，175.

[39] 郑明娜，李国冰．浙江省数字经济人力资源培育对策研究：以专业技术人员继续教育培训为例 [J]. 商展经济，2021（18）：80-83.

[40] 张倩丽．基于区块链技术的河南省数字经济发展研究 [J]. 中国集体经济，2021（28）：159-160.

[41] 钟毓，邓汉慧．数字经济时代饲料企业生物技术人才创新创业生态系统研究 [J]. 中国饲料，2021（16）：90-93.

[42] 董芷含．海宁市数字经济发展现状与提升对策研究 [J]. 特区经济，2021（10）：106-108.

[43] 陈娟．苏州市数字经济高质量发展的思考 [J]. 商业经济，2021（12）：14-16，76.

[44] 陈晓东，刘冰冰．区域数字经济协调发展的实现路径 [J]. 开放导报，2021（6）：71-80.

[45] 王淑娉，陈海峰．数字化时代大学生数字素养培育：价值、内涵与路径 [J]. 西南民族大学学报（人文社会科学版），2021，42（11）：215-220.

[46] 吕春慧．数字经济推动中国经济新动能培育的研究 [D]. 西安：西北大学，2020.

[47] 李鹏．数字经济下安徽智慧产业发展动力研究 [D]. 蚌埠：安徽财经大学，2021.

[48] 邢皓．数字经济赋能安徽制造业高质量发展的实现路径研究 [D]. 蚌埠：安徽财经大学，2021.

[49] 段东．长江经济带数字经济对高质量发展的影响研究 [D]. 蚌埠：安徽财经大学，2021.

[50] 肖玲．长江经济带数字经济发展的测度与障碍因子诊断 [D]. 南昌：江西

财经大学，2021.

[51] 王春春 . 财税激励政策对山东数字经济发展的影响研究 [D]. 济南：山东
财经大学，2021.

[52] 王敏 . 京津冀数字经济对服务业优化升级的影响研究 [D]. 石家庄：河北
师范大学，2021.

[53] 付伟 . 中国数据产业发展研究：基于 SCP 范式分析 [D]. 北京：北京邮电
大学，2019.

[54] 柏力翔 . 我国数字经济企业"走出去"对传统制造业创新的影响研究 [D].
北京：北京邮电大学，2019.

[55] 李鹏勇 . 数字经济发展水平综合评价研究：以江苏省为例 [D]. 南京：南
京大学，2020.

[56] 张琳 . 数字经济对中国区域经济增长影响研究 [D]. 湘潭：湖南科技大学，
2020.

[57] 杨玥 . 基于多源数据的杭州城西科创大走廊"产城创"融合发展研究 [D].
杭州：浙江大学，2021.

[58] 潘道远 . 数字经济时代文化创意与经济增长的关系研究 [D]. 深圳：深圳
大学，2019.

[59] 窦凯 . 中国数字内容产业国际竞争力研究 [D]. 北京：对外经济贸易大学，
2020.

附　录

省高层次人才分类标准（暂行）

A 类：国内外顶尖人才

1. 诺贝尔奖、菲尔兹奖、图灵奖、普利兹克奖等国际性重要奖项获得者。

2. 国家最高科学技术奖获得者。

3. 省"鲲鹏行动"计划入选者。

4. 国家"万人计划"杰出人才。

5. 中国科学院院士、中国工程院院士，美国、英国、德国、法国、日本、加拿大、澳大利亚等发达国家院士。

6. 中国社会科学院学部委员、荣誉学部委员。

7. 全国"创新争先奖"奖章获得者。

8. 经认定，相当于上述层次的人才。

B 类：国家级领军人才

1. 国家"万人计划"中除杰出人才之外的入选者（不含青年拔尖项目）、国家级引才计划入选者（不含青年项目）；教育部长江学者奖励计划入选者（不含青年学者）；中国科学院"百人计划"A 类人才；国家杰出青年科学基金获得者；何梁何利科技奖获得者。

2. 意大利、瑞典、丹麦、挪威、芬兰、比利时、瑞士、奥地利、荷兰、新西兰、俄罗斯、新加坡、韩国、西班牙、印度、乌克兰、以色列等国家院士。

3. 省特级专家；中国政府"友谊奖"获得者、省"万人计划"杰出人才；国家有突出贡献的中青年专家、百千万人才工程国家级人选、省"151"人才工程重点资助人员；全国文化名家暨宣传文化系统"四个一批"人才；中国青年女科学家奖获得者、中国青年科技奖获得者、全国"创新争先奖"奖状获得者。

4. 国家级教学名师，国医大师，国家级名中医，国家级医学会专业委员会主任、副主任；中国工艺美术大师；中华技能大奖获得者、浙江大工匠。

5. 国家自然科学奖、国家技术发明奖、国家科学技术进步奖一等奖获得者（前 3 位完成人）、浙江科技大奖获得者。

6. 近 5 年来，担任过世界 500 强企业主要经营管理人才的（指总公司董事长、总经理）。

7. 经认定，相当于上述层次的人才。

C 类：省级领军人才

1. 国家"万人计划"青年拔尖项目入选者；国家级引才计划青年项目入选者；长江学者青年项目入选者；中国科学院"百人计划"B 类人才；国家优青基金获得者；梁思成奖获得者。

2. 省"万人计划"中除杰出人才之外的入选者；省级引才计划入选者；省领军型创新创业团队负责人、省政府"西湖友谊奖"获得者、省

"海外工程师"、省"钱江学者"特聘教授；省青年科技奖获得者；享受国务院政府特殊津贴专家、省有突出贡献的中青年专家、省"151"人才工程第一层次人员。

3. 省自然科学基金杰出青年基金获得者；国家自然科学奖、技术发明奖、科学技术进步奖二等奖获得者（前3位完成人），省自然科学奖、技术发明奖、科学技术进步奖一等奖获得者（前3位完成人）。

4. 世界技能大赛奖牌获得者、全国工程勘察设计大师、全国技术能手、浙江杰出工匠、钱江技能大奖获得者、省首席技师；省级工艺美术大师。

5. 中宣部"宣传思想文化青年英才"入选者、省级宣传文化系统"五个一批"人才、省"宣传思想文化青年英才"入选者；教育部"新世纪优秀人才支持计划"入选者、省功勋教师（省杰出教师）、省特级教师、省高校教学名师、全国模范教师、全国优秀教师、全国优秀班主任、全国教书育人楷模；国家卫健委有突出贡献的中青年专家、省级名中医、省医学会专业委员会主任、省卫生领军人才；全国专业社会工作领军人才；世界知名大学正式教职的教授。

6. 近5年来，担任过中国500强企业或中国民营企业500强企业主要经营管理人才（指总公司董事长、总经理）；世界500强企业任高管的经营管理人才（指总部的副总经理、大洲级区域总裁、首席财务管理人员、首席产品管理人员、首席技术人员等）。

7. 经认定，相当于上述层次的人才。

后　记

随着经济全球化和信息化的迅猛发展，人类社会进入以知识为主导、以高新技术及其产业为基础和支撑的知识经济时代，"人力资本"成为创造收益的主要手段。国内外历史经验表明，谁拥有人才，并能合理配置、管理、开发和利用好人才，谁就能获得竞争优势。人才资源作为最为稀缺的资源，将成为新阶段竞争的焦点。在当今知识经济时代，高科技发展迅速，区域或组织之间竞争的焦点表现在技术的较量上，特别是掌握知识、技能的人才的较量上。

数字经济的快速发展对数字产业发展提出了新的要求，而数字产业的井喷对各层次数字经济产业人才产生了巨大需求。基于此，本研究团队在对国内外研究理论进行系统梳理的基础上，针对数字经济大环境和中国数字产业发展的现状，结合数字经济下的浙江省数字产业发展形势与瓶颈，对数字经济下的浙江省高层次数字产业需求进行了趋势分析，形成了四个大类的高层次数字产业人才结构调整策略，并分析了浙江省相关区域、相关高校院所、主要科技型企业代表的数字人才结构优化案例，探索了数字经济下浙江省高层次数字产业人才结构优化的实践，并提出了相关政策建议。

本书是 2022 年度浙江省哲学社会科学规划年度课题"数字经济背景下浙江省高层次数字产业人才结构优化路径与对策研究"项目（课题编号：22NDJC042Z）的研究成果，三位著者在研究过程中参阅了大量的文献资料，项目组成员浙江机电职业技术学院副教授颜平，浙江省科技宣传教育中心汪双梅、刘晓燕，浙江科技学院博士陈熙，也为本书的创作提供了大量研究资料。同时，本书得到了浙江省标准化研究院正高级工程师万娟秀、浙江经贸职业技术学院高级实验师黄文康、之江实验室高级工程师郑妙娟等专家的大力支持，在此向各位专家表示衷心的感谢。若书中有不足之处，恳请广大读者批评指正。